Alphonse Rivier

UNTERSUCHUNGEN über die CAUTIO PRAEDIBUS PRAEDIISQUE

Alphonse Rivier

UNTERSUCHUNGEN über die CAUTIO PRAEDIBUS PRAEDIISQUE

ISBN/EAN: 9783741167805

Hergestellt in Europa, USA, Kanada, Australien, Japan

Cover: Foto ©Andreas Hilbeck / pixelio.de

Manufactured and distributed by brebook publishing software (www.brebook.com)

Alphonse Rivier

UNTERSUCHUNGEN über die CAUTIO PRAEDIBUS PRAEDIISQUE

UNTERSUCHUNGEN

ÜBER DIE

CAUTIO PRAEDIBUS PRAEDIISQUE.

VON

ALPHONS RIVIER,

DOCTOR BEIDER RECHTE,
PRIVATDOCENT AN DER UNIVERSITÄT ZU BERLIN.

BERLIN.
VERLAG VON JULIUS SPRINGER.
1863.

DEM KÖNIGLICHEN GEHEIMEN JUSTIZRATHE,
ORDENTLICHEM PROFESSOR DER RECHTE,
MITGLIEDE DER KÖNIGL. AKADEMIE DER WISSENSCHAFTEN ZU BERLIN,
RITTER DES ORDENS VOM ROTHEN ADLER,
P. P.

Herrn Dr. Adolf Friedrich Rudorff

IN DANKBARER VEREHRUNG

ZUGEEIGNET.

Inhaltsübersicht.

Einleitung. § 1 Quellenkunde. § 2 Literatur. § 3 Zweck und Plan der Abhandlung.

ERSTER THEIL.
Wesen und Geschichte der Cautio praedibus praediisque.

Capitel I. Ursprung und Entwickelung.

A. Ursprüngliches Wesen der Verbürgung. § 4. Im Allgemeinen. Verbürgung bei der sogenannten publizistischen Obligation. § 5. Der Praes. Wortableitung. § 6. Die Adpromissoren, im Gegensatze zu den publizistischen Bürgen.

B. Entwickelung und Weiterbildung der Lehre von der publizistischen Verbürgung. § 7. Beschränkung der publizistischen Verbürgung auf den Verkehr mit dem Staate. § 8. Vervollkommnung der publizistischen Verbürgung. Bildung der *subsignatio praediorum*.

Capitel II. Voraussetzungen der Cautio praedibus praediisque.

A. Fälle, in welchen praedibus praediisque cavirt wurde. § 9. a. Im Ganzen. — b. Insbesondere. § 10. 1. Bürgschaftsleistung im Sacramentsprozess. § 11. 2. Bürgschaftsleistung im Repetundenprozess. § 12. 3. Bürgschaftsleistung bei Kauf vom Staate. § 13. 4. Bürgschaftsleistung bei Pacht von Vectigalien. § 14. 5. Bürgschaftsleistung der Uebernehmer von Ultrotributen an das Gemeinwesen. 6. Amtscautionen. § 15. Ueberhaupt. § 16. Im Stadtrechte von Malaga.

B, Requisite in der Person des Bürgen. § 17.
C. Requisite in der zu subsignirenden Sache. § 18.
D. Form der Verbürgung und Subsignation. § 19.
E. Mitwirkende Behörden. § 20. Im Ganzen. § 21. In Rom.
  § 22. In den Municipien.
F. Sufficienz. § 23.

Capitel III. Rechtswirkungen der geleisteten Caution.

A. Rechtsstellung des Bürgen § 24. B. Rechtsstellung der Sachverständigen § 25. C. Rechtsstellung des Hauptschuldners § 26. D. Rechtszustand der subsignirten Grundstücke § 27. Im Allgemeinen. § 28. System der Fiducia. § 29. System des Nachweises. § 30. System der Verpfändung.

Capitel IV. Verschwinden der Cautio praedibus praediisque aus dem Rechtsverkehr.
§ 31.

ZWEITER THEIL.

Verwirklichung der Cautio praedibus praediisque.

Capitel I. Allgemeines und Einleitendes.

§ 32. Grundgedanken: der ältere, der neuere. § 33. Irrthümliche Auffassungen. § 34. Die Prädiatoren. § 35. Das prädiatorische Recht. § 36. Das prädiatorische Gesetz und sonstige Normen.

Capitel II. Die Lehre vom Verkauf.

§ 37. Vorbedingungen und Veranstaltung des Verkaufs. § 38. Erster Termin. § 39. Zweiter Termin.

Capitel III. Rechtsverhältnisse nach dem Verkauf.

A. Rechtswirkungen des Verkaufs. § 40. Ueberhaupt. § 41. Rechte des Käufers. § 42. Rechte des Bürgen gegen Hauptschuldner und Mitbürgen. B. Wiederlösung verkaufter Vermögensstücke § 43.

Einleitung.

§ 1.
Quellenkunde.

1. Die juristischen Quellen unserer Kenntniss von der Sicherheitsleistung durch *praedes* und *praedia* sind spärlich, und dem Wesen des Stoffes gemäss mehr staatsrechtlicher als privatrechtlicher Natur.

Es sind, ausser einigen Stellen in Gaius (2, 61. 4, 13, 16, 28, 91, 92, 94) und einer in den Vaticanischen Fragmenten verstümmelt überlieferten Stelle des Paulus (336), vornehmlich:

    a) das Acilische Repetundengesetz (631 oder 632) Zeile 57 und 67.[1])

    b) das Ackergesetz vom Jahre 643,[2]) Z. 45—49, 53, 54, 70—73, 84, 100.

---

[1]) Der Anführung sämmtlicher in Bruns *Fontes juris romani antiqui* (Tubing. 1860) befindlichen Quellen habe ich den Brunsschen Text zu Grunde gelegt: mit Ausnahme des Acilischen Gesetzes, für welches ich die Rudorff'sche Restitution *(Ad legem Aciliam de pecuniis repetundis, Berolini 1862)* angenommen habe. Der Mommsen'schen Restitution des Ackergesetzes (im *Corpus Inscriptionum latinarum, Vol. I. Berolini 1863)* habe ich nur in vereinzelten Stellen beipflichten können: sie steht in genauem Zusammenhang mit durchaus unsicheren Vorstellungen vom Wesen der Prädialverbürgung.

[2]) Es wäre doch Zeit, die Be-

c) die Bauverdingungsurkunde von Pozzuoli³) (649), und endlich

d) das Stadtgesetz für Malaga (835—836), welches als allgemeines Schema für die latinischen Gemeinden aufgefasst werden muss; cap. 57, 60, 63, 64, 65.

In den Justinianischen Gesetzbüchern sind die Spuren der *praedes* ausgemerzt worden.⁴)

2. In der nichtjuristischen Literatur sind die *praedes* vielfach genannt, aber meistens in vereinzelten und abgerissenen Notizen, welche, um zu irgend einem positiven Resultate zu führen, mit einander verbunden, durch einander ergänzt und wiederbelebt werden müssen. Dass man hierin nicht vorsichtig genug sein kann, liegt auf der Hand,⁵) und doch scheinen die meisten Bearbeiter des schwierigen Stoffes hierauf nicht genügend Rücksicht genommen zu haben.

a) Die Hauptstellen bei Cicero sind:

im ersten Buche der zweiten Verrine (684) das 54. und das 55. Capitel,

in der Rede für L. Valerius Flaccus (695) c. 32, 80,

in der Oratio pro domo (697) c. 18, 48,

in der Rede für Balbus (698) c. 20, 45,

für C. Rabirius Postumus (700) c. 4, 8 und c. 13, 37,

in der zweiten Philippica (710) 29, 73. 31, 78.

Ferner einige Briefe, an Caninius Sallustius (704), an Rufus (705), in Div. 2, 17, 4 und 5, 20, 3, 4; an Atticus von 705 und 709 in Att. 9, 9, 4 und 13, 3, 1.

---

nennung *Lex Thoria* aufzugeben, die manche Schriftsteller jetzt noch consequent gebrauchen. — In der 11. Zeile des Ackergesetzes auf der bantinischen Tafel werden auch *praedes* erwähnt, was aber auf einer — obschon ganz sichern — Restitution beruht.

³) Mommsen, Inscr. R. N., 2458.

⁴) cf. § 31, 62, und *infra passim.* Ueber l. 6 § 7 Comm. div. (10, 3) s. § 7, 18.

⁵) Dernburg, Pfandrecht I, p. 29, 30.

b) Von den Geschichtschreibern legen für die Bürgschaft der *praedes* Zeugniss ab Polybius (6, 17), Nepos (Att. 6), Livius (22, 60, 38, 58), Tacitus (Ann. 6, 17), Sueton (Claudius, 9).

c) Belehrender sind die Grammatiker, Polygraphen und Sammler,
Varro im Sprachwerke, 5, 40. 6, 74,
Festus, bei Gelegenheit der Wörter *compraedes, Manceps, Praes, Quadrantal*,
Valerius Maximus, Memor. 8, 12, 1,
Gellius, 6, 19, 16, 1, u. s. w.,
endlich der bobiensische Scholiast (Orelli, 244), und der seit Madvig so verrufene falsche Asconius *(ad Verr. l. l.)*

d) Auch Dichter lassen die *praedes* nicht unerwähnt. Sie kommen vor bei Plautus (Menaechmen 4, 2, 28). 593 Ritschl,[a])
bei Terenz,
bei Auson *(Idyll. 12, De monosyll).*

§ 2.
Literatur.

3. Die älteren Rechtsgelehrten haben sich um die *praedes* und die *praediatores* weniger gekümmert, als die Philologen. Cujas, Hotman, Brissou, Gothofred hatten darin sehr unklare Vorstellungen, und berühren überhaupt die Verhältnisse dieser Bürgschaftsleistung nur ganz beiläufig.

4. Der Erste, welcher den damals vorliegenden Stoff etwas ausführlich und gewissermassen *ex professo* beleuchtet hat, ist Salmasius, Saumaise (gestorben 1653). Im 16ten Capitel seines Buches *De modo usurarum* giebt er eine seiner Art gemäss sehr gelehrte aber höchst systemlose Abhandlung über die

---

[a]) In Pers. 2, 4, 17 ist *praes* Adverb: *SAGARISTIO. Abi in malam rem. PÆGNIVM: At tu domum: nam ibi tibi parata praes est.*

Bürgen, wobei er die *sponsores, fidepromissores, fideiussores, vades, praedes* einzeln betrachtet und mit einer gewissen Breite characterisirt. Das philologische und antiquarische Element spielt hier die Hauptrolle, und als echt juridisch ist nur weniges zu gebrauchen.

5. **Theodor Georg Graevius**, *Dissertatio juridica inauguralis de jure praediatorio* (Utrecht, 1688), muss nach Saumaise's Vorarbeiten als entschieden schwach bezeichnet werden. Die Tendenz ist stets nur auf das practische Recht gerichtet, die geschichtliche Anschauung sehr mangelhaft. Das Ganze beträgt kaum zwanzig Seiten von gewöhnlichem Dissertationsformat, und zerfällt in drei Capitel:

Capitel I. § 1. Erwähnungen des „*Jus Praediatorium*" in den Quellen. § 2. Definition und Inhalt des *Jus Praediatorium*. § 3. Etymologie und Bedeutung von *praes*. § 4. Etymologie von *praedium*.

Capitel II. § 1. Fälle, in welchen *praedibus praediisque* cavirt wurde. Im Allgemeinen, Kauf vom Staate. Dabei gänzliche Verwechselung von *fiscus* und *Aerar*. § 2. Pacht von Vectigalien. § 3. Pacht öffentlicher Leistungen. § 4. Andere Fälle, Darlehn vom Staate u. s. w. § 5. Untersuchungen über das Wesen der Güterverhaftung. § 6. Dotalsachen und Primipilarschuld.

Capitel III, ganz unbrauchbar. § 1. Execution. § 2. Spezielle Fälle von Befreiung der Steuereinnehmer.

6. Umfangreicher und in allen Hinsichten wirklich verdienstlich ist die Inauguraldissertation von **Christian Gottlob Heyne**, *De jure praediatorio, praeside Joanne Augusto Bach*, Leipzig 1752.

Der berühmte Verfasser behandelt den gesammten Stoff quellenmässig in vierzehn fortlaufenden Abschnitten, nachdem er in der Einleitung die Wahl des Themas gerechtfertigt hat. Im Wesentlichen ist der Inhalt folgendermassen vertheilt: § 1. Zweck und Plan der Schrift. § 2. Stellung des *Jus praediatorium* im Rechtsgebiet. § 3. *Utrum jus praediatorium fuerit juris publici an privati?* § 4. *Jus praediatorium quando et quomodo in rem publicam romanam inductum fuerit*, § 5. *Praedes et praedia quid significent.* § 6. *Praedes dati in causa privata.* § 7. *Praedes dati in causis publicis multae nomine.* § 8. *Praedia obligata pecunia ex aerario sumpta.* § 9. *Praedes praediaque obligata conductis vectigalibus.* § 10. Verkauf der obligirten Prädia. § 11. *Quid praediator?* § 12. Unterschied der Prädiatoren von den Sectoren. § 13. *Quid praediatori in bonis emptis licuerit.* § 14. *An et sub Imperatoribus hoc jus fuerit.*

Schon an dieser Eintheilung lassen sich die Vorzüge der Heynischen Abhandlung den früheren gegenüber erkennen. Wie in seinen rein philologischen Arbeiten, so zeigt der gelehrte Verfasser, der doch damals nur ein Anfänger war, auch hier eine grosse Belesenheit, viel Scharfsinn und eine geschmackvolle Art der Darstellung. Allein durch die neu hinzugetretenen Quellen ist die Lehre auf einen ganz andern Boden gebracht worden, sodass auch diese Dissertation in manchen wesentlichen Punkten als veraltet erscheint.

7. In mehreren Lehrbüchern und Systemen des römischen Rechts und der römischen Rechtsgeschichte finden sich mehr oder minder ausführliche Erörterungen über die *praedes* im Ganzen, so in Rein's Privatrecht (Band I, p. 169 ff. der Ausgabe von 1836), in Burchardi's Privatrecht, § 210, in Walter's Römischer Rechtsgeschichte, § 620, in Rudorff's Rechtsgeschichte, II § 93. Gelegentlich berührt wird natürlich der eine oder der andere Theil dieser Lehre in den meisten Lehrbüchern, und in Untersuchungen über andere Materien, welche hier aufzuzählen unnütz wäre. Besonders haben Bachofen in seinem „Pfandrechte", I, S. 217 ff, Rudorff im zehnten Bande der Zeitschrift für geschichtliche Rechtswissenschaft, S. 121, Huschke in Richter's und Schneider's kritischen Jahrbüchern, V, S. 605 ff., und in der Zeitschrift XIV, 267—273, werthvolle Beiträge zur Kenntniss unseres Instituts geliefert.

8. Das Auffinden des Stadtrechts von Malaga hat Mommsen zuerst Gelegenheit gegeben, im dritten Bande der Abhandlungen der Königlich Sächsischen Gesellschaft der Wissen-

schaften (1855), S. 466—480, die Cautionen *praedibus praediisque* zu besprechen. Die von ihm erlangten Resultate sind von Zimmermann *(De notione et historia cautionis praedibus praediisque,* Berlin 1857) theils bestätigt, theils widerlegt worden. Dessen Grundanschauung aber tritt neuerdings Dernburg in seinem Pfandrechte, I, p. 26—44, fast überall entgegen, nachdem er schon 1856 in der Kritischen Zeitschrift III, 74 ff., bei Gelegenheit der Mommsenschen Abhandlung einiges hierüber gegeben hat.

§ 3.
Zweck und Plan der Abhandlung.

9. So dürfte denn die Lehre nichts weniger als zum Abschlusse gelangt sein, und ein neuer Versuch nicht als ungerechtfertigt oder anmassend erscheinen. Ich halte es indessen beim jetzigen Zustande der Quellen noch nicht für möglich, die Theorie der Prädalcaution definitiv festzustellen; mancher Hauptpunkt ist noch dunkel, und wird es auch noch so lange bleiben, bis neu aufgefundenes Material auch ihn zu beleuchten erlaubt. Ich habe mich nur bemüht, den vorhandenen Stoff gewissenhaft zu benutzen, und immer mehr aus den Quellen heraus, als in die Quellen hinein zu interpretiren. Wie wenig hierin meine Leistung demjenigen entpricht, welches ich zu erreichen hoffte, wie zahlreich die Fehler und Mängel vorliegender Arbeit sind, — das verhehle ich mir keineswegs. Es sind eben nur Untersuchungen: als geschlossenes Ganze darf ich diese Schrift nicht aufstellen.

10. Die Abhandlung zerfällt naturgemäss in zwei Theile, von welchen der erste die *Cautio praedibus praediisque* an und für sich, in ihrem Werden und in ihrem Sein behandelt, der andere deren Realisirung, nebst Folgen.

Im ersten Capitel des ersten Theils sollte ein Bild vom Ursprung und der Entwickelung der Caution gegeben werden. Ich habe mich hier auf das Allernothwendigste zu beschränken zu müssen geglaubt. Denn sobald man den positiven urkund-

lichen Boden verlässt, liegt die Gefahr nahe, sich in allzu kühne
Conjecturen zu verlaufen, welche gar oft jeder sichern Grundlage
entbehren, und „vom Ungewissen in's Ungewissere verleitend"
dem richtigen Verständniss des Ueberlieferten weit mehr schäd-
lich als von Nutzen sind. Der Etymologie habe ich vielleicht
ein zu weites Feld eingeräumt, ein weiteres jedenfalls als der
theoretischen Divination, weil ich glaube, dass in Ermangelung
geschichtlicher Nachrichten der Name einer Sache doch meistens
ein ziemlich sicherer Zeuge von der Bedeutung dieser Sache sein
wird. „Den sichersten Ausgangspunkt bei der Erforschung der
Natur eines Rechtsinstituts, zumal des alten römischen Civilrechts,
bildet die Sprache, das heisst, das Wort selbst, in welchem das
Volk sich dasselbe zum Bewusstsein brachte; denn da beides,
Sprache und Recht, gleich ursprüngliche, vernünftig nothwendige
Productionen des Volkslebens sind, und das Wort eben nur der
zur Erscheinung gekommene Begriff ist, so muss aus dem Worte
vornehmlich das Wesen des damit benannten Rechtsinstituts erkannt werden können; und es dient zum sichersten Beweis, dass
man das Wesen der Sache noch nicht erkannt hat, wenn der ge-
fundene Begriff in dem Worte nicht vollkommen aufgeht."[1])

Im folgenden Capitel suche ich die Voraussetzungen der
Sicherheitsleistung durch Bürgen und Güter darzustellen, wie
sie zur Zeit des völlig ausgebildeten Instituts erscheinen; also
die Requisite in der Sache für welche geleistet, in der Person
des Bürgen, in der verpfändeten Sache, die Form der Sicher-
heitsbestellung, die Behörden, welche dabei thätig waren, und
die Lehre von der Suffizienz.

Sodann werden im dritten Capitel die Rechtswirkungen der
geleisteten Caution, und im vierten das Verschwinden unserer
Bürgschaft aus der Geschichte besprochen.

Den zweiten Haupttheil musste naturgemäss bilden die Lehre
von dem Executionsverfahren gegen die Bürgen, von den Rechtsverhältnissen nach der Execution, und von der Wiederlösung
verfallener Vermögensstücke. Hier besonders sind die positiven

---

[1]) Huschke, im Nexum, p. 2.

Grundlagen schwach, die Berichte unklar und spärlich, und ich habe mich daher, meist in Anschluss an Zimmermann, so kurz als möglich gefasst.

11. Dass diese Schrift eine halb-deutsche, halb-lateinische Aufschrift führt, hat seinen guten Grund. Die Bezeichnung „Sicherheitsleistung durch Bürgen und Güter", deren ich mich oft bedienen werde, entspricht vollkommen dem *praedibus praediisque cavere*. Aber sie ist zu einem Titel nicht präcis genug, und wenn sie aus dem Zusammenhang gerissen ist, und allein dasteht, kann sie zu Missverständnissen Anlass geben. — „Bürgen und Pfänder" ist an und für sich nicht unrichtig: dem Worte *praedium* wird aber dadurch Gewalt angethan.[8]) Zu weit ist „Garanten und Garantien",[9]) welches ausserdem mit einer falschen Etymologie zusammenhängt, vielleicht zu eng „Bürgen und Ländereien."[10]) Ganz willkürlich aber ist die Bezeichnung „Prädiatur", welche mitunter der ganzen Lehre von der Bürgschaftsleistung gegeben wird.[11]) *Praediatura* heisst, wie allgemein anerkannt, die *comparatio a praediatore facta*, die *emptio praediorum populo obligatorum*.[12]) Der von Gaius gebrauchte Ausdruck, „*ex praediatura usurecipi*", verglichen mit dem nicht quellenmässigen, wiewohl richtig gebildeten Ausdruck *usureceptio fiduciae*, rechtfertigt aber noch nicht eine Parallelisirung der Begriffe *fiducia* und *praediatura*.

Dass von „prädiatorischem Recht" als allgemeiner Bezeichnung nicht die Rede sein kann, wird jetzt im Allgemeinen nicht mehr bestritten.

---

[8]) Wenn Mommsen von Bürgen und Pfändern spricht, so scheint mir dies mit seiner Auffassung der *praediorum subsignatio* nicht wohl verträglich.

[9]) Mommsen, Stadtrechte, S. 466.

[10]) Rein, Privatrecht, I., p. 169 ff.

[11]) So von Dernburg Pfandrecht, p. 26.

[12]) Dirksen, hoc vo. — Forcellini h. vo., der aber schief hinzufügt: „*et ob vectigalia non soluta hastae subjectorum.*"

[13]) cf. § 35.

ERSTER THEIL.

Wesen und Geschichte

der

Cautio praedibus praediisque.

CAPITEL I.

Ursprung und Entwickelung.

A. Ursprüngliches Wesen der Verbürgung.

§ 4.
Im Allgemeinen.
Verbürgung bei der sog. publizistischen Obligation.

12. Durch Vermehrung der Schuldner das Ausfallen der Leistung verhüten, — das ist der Hauptgedanke, welcher jeder Verbürgung zu Grunde liegt.[14]) Darauf war auch ursprünglich die Sicherheit der Gläubiger beschränkt: denn dass in der Entwickelung des Verkehrs die Verbürgung der Pfandbestellung vorausgegangen ist, liegt in der Natur der Sache, wie es auch nicht an Zeugnissen fehlt, die es wenigstens für den römischen Geschäfts- und Rechtsverkehr bestätigen. In Rom ist der Personalcredit das Nationale und Durchbildete; der

---

[14]) L. 1 § 8 D. O et A. (44, 7) *„Sed aut proprio nomine quisque obligatur, aut alieno, et plerumque ab eo, quem proprio nomine obligamus, alios accipimus, qui eadem obligatione teneantur, dum curamus ut quod in obligationem deduximus, tutius nobis debeatur.“*

Keller, Pandecten, § 287 (p. 552) . . . Dass die subjective Beziehung der Obligation auf ihrer passiven Seite **vervielfältigt** wird . .“

Realcredit dagegen jünger, unebenbürtig, und von Doctrin und Praxis stiefmütterlich ausgebildet.[15])

Die unmittelbare und nothwendige Folge aber von jenem Grundbegriffe der Verbürgung ist, dass die Verpflichtungen dieser mehreren Schuldner gleichartiger Natur sind, und dass der Charakter der Vorhaftung des Hauptschuldners auch der Verhaftung der Bürgen zu Theil wird.

Dies ist die einfache, kunstlose, ursprüngliche Vorstellung einer Bürgschaftsleistung: je weiter wir uns nach einer noch wenig aus- und übergebildeten Rechtsanschauung zurücksehen, desto allgemeiner, vorherrschender, ja alleinherrschender muss diese Vorstellung gewesen sein.

13. Nach Huschke's Forschungen darf es als überflüssig erscheinen, Natur und Wesen der von ihm sogenannten publizistischen Obligation des alten Roms von neuem zu beschreiben.[16]) Wir dürfen als erwiesen voraussetzen, dass der publizistisch obligirte Schuldner für die Erfüllung der übernommenen Verpflichtung ganz und persönlich einstand. Nicht das Vermögen wurde gebunden, sondern die Person in ihren gesammten, physischen, sittlichen, ökonomischen Beziehungen, in ihrem ganzen Rechtsdasein.[17]) Unmittelbare Wirkung ist Verdammung,[18])

---

[15]) Entwickelt ist dieser Gedanke bei Dernburg Pfandrecht I, § 1, und in Schletter's Jahrbüchern, Bd. VII, p. 10 ff. von Kuntze. Auf Allgemeinheit des Gebrauchs von Bürgen deutet Varro de L. L. 6, 74. S. Macrob. Sat. 1, 6 — L 14 § 1 *de pecun. constit.* (13, 5).

[16]) S. Huschke's *Nexum passim;* u. A. S. 51. Keller, Institutionengrundriss § 115. — Zimmermann, p. 11. Der Ausdruck: „publizistische Obligation" mag an und für sich nicht glücklich gewählt sein; er ist aber gleichsam recipirt, um jene Obligationen zu bezeichnen, welche unmittelbar executive Kraft hatten.

[17]) „Gleichsam ein Selbstverkauf des Schuldners an den Gläubiger", sagte Puchta (S. Inst. III, § 269, n. q.).

[18]) *Quod ego tibi mille asses, hoc aereaeneaque libra nexos dedi, eos tu mihi post annum faenore vnciario dare damnas esto.* Huschke, *Nexum* 59, 28. 32 § Keller, Instit. l. l. p. 68.

Handanlegung ist deren Ausdruck, Vernichtung der Person ist *poena perfidiae*, ihr Symbol Zerstückelung des Leibs.[10])

Wie sollte nun ein für einen solchen Schuldner einstehender Bürge verhaftet sein? Nach dem obigen, nicht anders als der Hauptschuldner selbst. So musste auch der publizistische Bürge seine gesammte Persönlichkeit einsetzen; er war leiblich verhaftet, er war selber ein Pfand für seine Treue und für die des Hauptschuldners.[20]) Im Nichterfüllungsfalle war er dem Gläubiger verdammt, wie wenn er durch rechtskräftigen Spruch verurtheilt worden wäre, Execution fand unmittelbar Statt, Tödung, Verkauf in die Knechtschaft, Vernichtung der Person als Strafe des Treubruchs.[21])

§ 5.
Der Praes.

14. Als uralte Benennung des Bürgen erscheinen die zwei Wörter *vas* und *praes*,[22]) beide sprachlich gleich, und die publizistische Verbürgung scharf und treffend bezeichnend. *Praes*,

---

[10]) Sextus Caecilius bei Gellius 20, 1 39 ff. ... „*Sed omnium maxime atque praecipue fidem coluit (populus romanus) sanctamque habuit tam privatim quam publice... Hanc autem fidem majores nostri non modo in officiorum vicibus, sed in negotiorum quoque contractibus sanxerunt, maximeque in pecunia mutuaticia usu atque commercio. Adimi enim putaverunt subsidium hoc inopiae temporariae, quo communis omnium vita indiget, si perfidia debitorum sine gravi poena eluderet*" — S. Huschke *Nexum* 81—93. Rudorff zu Puchta, II, § 179, Anm. n und qq. Rechtsgeschichte II, § 89.

[20]) Huschke Nex. 51, Zimmermann p. 8, 9. Salmasius *De Modo Usurarum*, p. 734. cf. unten, § 5, 14, n. 26; *Schol. Bob. ad Cic. Flacc 32;* Varro, Festus, l. l.

[21]) *Praedes vendere*, Mal. 64. Cic. Verr. I, 54, 142. Phil. 2, 31. Sueton Cl. 9. — Zimmermann p. 13, 14. Dernburg, Pfandrecht, p. 26. Siehe unten § 32, § 37, § 38, § 39.

[22]) Der *vindex* ist ein Stellvertreter und hat direct mit der Bürgschaft nichts zu thun. Der von Ihering (Geist des

prae-vas, ist eine Nebenform, eine Verstärkung von *vas*, ohne inneren Unterschied.²³) Die Wurzel vād in *vas, vadari, vadimonium, praes*, ist mit dem altnordischen *red*, dem schwedischen vād, dem althochdeutschen *wetti*, dem angelsächsischen *ved*, welche Wörter alle Pfand bedeuten, auf einen Ursprung zurückzuführen.²⁴) Das nordische *red* bezeichnet wie das lateinische vād auch das Verbürgen, im Deutschen scheint aber die Bedeutung des Verpfändens allein geblieben zu sein.²³)

R. R. I, 132—141) hervorgehobene garantirende Thätigkeit der *Testes* und *Superstites* ist zu allgemeiner Natur, um hier in Betracht zu kommen; ist aber auch (trotz der Etymologien!) nicht wegzuleugnen.

²²) Ebenso Dernburg, der aber *vas a fando* herleitet, und die *Praedes* somit für Leute hält, welche aus der Menge hervortreten, um sich durch ihr Wort dem Staate zu verpflichten! Auch nennt er sie Sprecher, Pfandrecht, p. 44. —
Prae mag hier die Bedeutung des Vorstehens einem Geschäfte, des sich daran Betheiligens haben. Pott, Etymol. Forschungen 551, 553.
Das Verschwinden des Digamma kommt häufig vor; man denke nur an *prudens, Deus, malim, nolim*. Das kurze s in *vas* ist verdünnt in dem alterthümlichen *praedes* dessen Plural *praevides* im Ackergesetze vorkommt, wie einmal *praes* auf den *Aes Malacitanum*. Durch nichts gerechtfertigt ist Bachofens absolute Behauptung, dass in der gesetzlichen Sprache die *praedes praevides* hiessen! — Pfandrecht, 217.

²⁴) Andere Etymologien von *vas* dürfen jetzt nicht mehr in Betracht kommen. Acron's und Porphyrion's Wortspiele sollen die Entlassung des Verbürgten vergegenwärtigen. Zu Horat. Sermon. 1, 1, 11. Ed. Braunhard, 1835.

²⁵) Grimm, Rechtsalterthümer 601, 618. daher das mittelalterliche *vadium* und das französische *gage*.
Bosworth, *Dictionary of the Anglosaxon language: Wedd, ved, a pledge, pignus, foedus. Icelandish, ved, pignus, fideiussio*.
Dietrich, altmodisches Lesebuch. *Vedh* — 1) Pfand, 2) Bürgschaft, Verpflichtung.
Vidan, Goth. ligare. Ved, pignus, vadr, funios. Grimm, Grammatik 2, 26.
Doederlein *Synon. IV. Vº.*

Der Praes §. 5.

Vas wäre sonach der uralte, den arischen Sprachen gemeinsame Name des Bürgen. Der *vas*, der *praes*, ist der als Pfand Haftende, der leiblich Verhaftete. Wem leuchtet dabei das Verhältniss zum *nexum se dare* und zum *nexus* nicht ein?[26])

Es darf wohl keinem Zweifel unterliegen, dass, bevor der *vas* in die enge Stellung eines Bürgen eintrat, der dafür einsteht, dass sich der Beklagte zu einem bestimmten Termin vor Gericht stellen wird,[27]) ihm eine viel allgemeinere, ja sogar eine ganz allgemeine Bedeutung zukommen musste. „Die Anwendung der *vades* in Strafsachen war das Endstadium im Einschränkungsprozesse des Wortes.[28]) Die leibliche Verhaftung des *vas* spukt noch fort in dem an seine Stelle getretenen *fidejussor qui aliquem judicio sisti promittit*.[29])

Vades kommen allein in den Zwölf Tafeln vor. Ihr hohes Alter wird zum Ueberfluss auch noch trefflich bezeugt durch jenen Juristen, welchen uns Gellius vorführt, als *quempiam in eo circulo jus civile callentem*, und welcher, aufgefordert, das Wort und den Begriff „*proletarius*" zu erklären, antwortet: „*ego vero dicere atque interpretari hoc deberem, si jus Faunorum et Aboriginum didicissem*", und unter lauter „unverständlichem alten Kram" auch *vades* und *subvades* als verschollene Antikaille an-

---

Vas: *vas, vaduri, wetten, Ags. veddjan,* Bürgschaft leisten.

[26]) Vgl. besonders Rudorff in Puchta, J. § 269. (III, 80, 81): *Nexus* heisst der Schuldner nicht weil er gefesselt ist, sondern wiefern er gleichsam als persönliches Pfand, als *pignori nexus* seinem Gläubiger verhaftet ist." — Keller a. a. O. p. 90. Bachofen, *Nexum* 81, 82.

[27]) *Varro de L. L. 6, 74. L.*

Rep. R. De Vadibus dandis. Liv. 3, 14.

[28]) Liv. 3, 13, im Jahre 459. Das „*hic primus vades publicos dedit*" darf nicht stören; es ist mit obiger Ausnahme nur Ausserlich unverträglich; jedenfalls kann hier Livius nur von einer speziellen Anwendung der *vades* reden.

[29]) *L. 2 § ult. L. 3—5 pr. Qui satis dare (2, 8).* Rudorff R G. II, § 64, n. 12.

führt, „*proletarii et adsidui et sanates, et vades et subvades, et viginti quinque asses, et taliones, furtorumque quaestio cum lance et licio, ... omnisque illa XII Tabularum antiquitas.*"[30])

Mit dem allmäligen Zusammenschrumpfen des Begriffs muss sich der Sprachgebrauch parallel gebildet haben, wonach für die allgemeinere Bezeichnung eines Bürgen die verstärkte Form *praes* schliesslich alleinherrschend wurde. „Ein Mensch, der mit seiner Person für eine fremde Leistung verhaftet ist" ist der *praes*, der Bürge, wie er sich consequent ergeben musste aus der Anwendung der Verbürgung auf die sogenannte publizistische Obligation.[31])

15. Ueber den so auf der Hand liegenden Sinn des Wortes *praes* und über dessen Ableitung hat man bis heutzutage die abenteuerlichsten Vermuthungen aufgestellt.

Varro[32]) und Festus[33]) leiten *praes* von *praestare* ab.[34])

Scaliger, dem unter Anderen auch Graevius und Gronovius gefolgt sind, machte keinen Unterschied zwischen dem Hauptworte *praes* und dem Adverb *praes*. Er meinte, auf die Frage „*praes es?*" für „*praesens es?*" hätte man eher geantwortet: *praes*, als *praes sum*.[35]) Saumaise erhebt hier den Einwand, es würde doch eher alsdann gesagt worden sein, *prae* als *praes*; ausserdem sei es nicht wahrscheinlich, dass sich ein Bürgschaftsverhältniss auf die Weise geschlossen hätte, dass der Magistrat gefragt hätte: „Sind Sie zugegen?" und der Bürge die Antwort gegeben: „Zugegen." Und davon sei nun gar auch der Bürge „Zugegen" genannt worden! Darin ist aber Saumaise offenbar ungerecht. Scaliger fasste *praes esse* in

---

[30]) *Gell. Noct. Att. 16, 10.*
[31]) Zugleich legen die beiden Wörter *vas* und *praes* ein beredtes Zeugniss ab, zu Gunsten der ursprünglichen Allgemeinheit der „publizistischen" Obligation.
[32]) *De lingua latina 5, 40.*

[33]) *De Verb. sign. V.° Manceps.*
[34]) Vgl. Rudorff in der Zeitschrift für gesch. R. W. XIII, p. 187, n. 9.
[35]) Scaliger in *Castig. ad Festum, l. l.*, und in den Noten zu Plautus, l.v l.c

einem potenzirten Sinne auf, und die Frage: „Stehen Sie dem Schuldner bei?" hat einen ganz andern Werth, als „Sind Sie zugegen?" Eine solche potenzirte Bedeutung von *praesens* findet sich aber vielfach vor; man denke nur an *praesens numen*, *praesentia remedia*, und dergleichen.

Saumaise ist aber selbst viel unglücklicher in seinen Conjecturen als Scaliger. Nach ihm und Dacier nämlich ist *praes* zusammengesetzt aus *prae* oder *pro* und *aes*, mit *idoneus*, *locuples*, εύχαλκος. άξιοχρεώς gleichbedeutend.³⁵) Damit vermochte er allerdings das „*idem praes*" in der *Lex Puteolana* und in Festus zu erklären.³¹)

Unter den Lexikographen hat vielleicht Lünemann die sonderbarste Ansicht aufgeworfen. Er unterscheidet genau Adverb und Substantiv *praes*. Letzteres hält er für eine Nebenform des nicht vorhandenen *pres*, welches er wie das nicht vorhandene Zeitwort *preo* mit πρίαμαι oder πρίω, dem nicht vorhandenen Aktiv von πρίαμαι in Verbindung setzt. *Pres* wäre ursprünglich ein Verkäufer, ein Händler gewesen, daher *pretium* der Verkaufspreis, *interpres* der Unterhändler, Makler, *interpretium* der Maklergewinn. *Praes* aber sei mehr tropisch vom Einsetzer seines Besitzthums gebraucht worden, und *praedium* wie *praedes* hänge damit zusammen.³⁶) — Dass diese gelehrte Ableitung schon aus prosodischen Gründen zu verwerfen ist, leuchtet ein.

Forcellini scheint nur ein Wort *praes* anzunehmen.

Doederlein vermuthet in *praes* eine Abstumpfung von *praestans*, *praestare*, wie *os* von οστέον; oder auch, dass es sich zu *praedium* verhält wie ἔχνος zu γνη.³⁹)

Ihering bringt *praes* mit *praeda* und *praedium* zusammen,

---

³⁵) Salmasius, *De Modo ususarum*, p. 737. „Sic assiduum pro locuplete et idoneo veteres grammatici dictum voluerunt, bò asse dando, idest aere. Idem praes, dis, declinatur pro praes, praeris, ut hae duae literae in vicem permutantur...

³¹) cf. infra.

³⁶) Lünemann — Scheller, Lat. D. Wörterbuch, 7. Auflage.

³⁹) Doederlein, Syn. VI, 261.

sodass *praes* nach ihm der Nehmende ist, nämlich, derjenige, welcher Etwas auf sich nimmt![10])

Fast ebenso gesucht ist die jetzt ziemlich beliebte Ableitung von praevidēre, welcher Ottfried Müller, Huschke, Bachofen, Mommsen, Zimmermann, huldigen. Der Gedankengang, der sie logisch plausibel machen soll, ist ein sehr gezwungener. Ein *praes* soll ein Mensch sein, durch welchen sich der Staat vorsieht... Sprachlich berechtigt soll aber diese Ableitung sein, wegen des „*praevides*" im Ackergesetz.

Soweit die verschiedenen Ansichten über das Wort *praes*. Der Boden etymologischer Forschung ist schlüpfrig; wenn aber auch unsere Ableitung vielleicht nicht minder verfehlt erscheinen wird, als die oben erwähnten, so dürfte man ihr doch Naturgemässheit und Einfachheit nicht wohl absprechen können. Man darf sich freuen, so oft man ein Wort aus dem Begriffe selbst, und durch das Wort wieder den Begriff erklären kann.

§ 6.
Die Adpromissoren im Gegensatz zu den publizistischen Bürgen.

16. Da der Privatvertrag nicht unmittelbar zur Execution, wohl aber zur Klage berechtigte, welche Verurtheilung herbeiführen sollte, so ist es selbstverständlich, dass die in solchem Falle eintretende Bürgschaft, ihrem oben angedeuteten Wesen gemäss, einen ganz anderen Charakter annehmen musste, als z. B. beim *nexum*.[11]) Wie bei der *stipulatio* die civilen Ausdrücke „*spondesne?*" — „*spondeo*" ursprünglich waren, so hiess auch der ältere Stipulationsbürge, der gefragt wurde, „*idem dare spon-*

---

[10]) Ihering, Geist des R. R. I, § 10.

[11]) Ueber das geschichtliche Verhältniss der *stipulatio* zum *nexum* sind bekanntlich die Gelehrten nichts weniger als einig; es aber zu untersuchen, liegt unserer Aufgabe zu fern. Vgl. Savigny, System V, 538, 539 s. — Keller Institutionen § 116. — Huschke, Nexum, p. 146, 147, u. s. w.

des *?" Sponsor*; aus dem *idem fide promittis* und dem *idem fide tua esse iubes* sind naturgemäss die *fidepromissores* und *fideiussores* entstanden; und zum allgemeinen Namen *promissor* hat sich *adpromissor* gebildet, als gemeinsame Bezeichnung jener drei Arten von Bürgen, im Gegensatze zu den unmittelbar verdammten *praedes*.

B. Entwickelung und Weiterbildung der Lehre von der publizistischen Verbürgung.

§ 7.
Beschränkung der publizistischen Verbürgung auf den Verkehr mit dem Staate.

17. Nachdem das Nexum die executorische Kraft verloren hatte,[42]) und ihm also der eigentliche Nerv durchschnitten war, musste es nach und nach, und mit ihm die publizistische Verbürgung, ausser Anwendung kommen.[43]) Jene Privatbürgen, die Adpromissoren, traten überall im privatrechtlichen Verkehr an ihre Stelle. Nur da konnten und mussten noch publizistische Obligation und publizistische Verbürgung stattfinden, wo dem Volke selbst, dem Staate gegenüber, eine Verpflichtung übernommen wurde. Dem Volke konnte nicht anders cavirt werden, als publizistisch. Denn der Begriff der Persönlichkeit des Staats im privatrechtlichen Verkehr war dem Rechtssinn der Republik stets fremd. Das *Aerarium Saturni* war lange nicht jene vornehmste unter den juristischen Personen, die der kaiserliche *fiscus* hernach geworden ist.[44]) Es wurde vielmehr denjenigen

---

[42]) Durch das Valerische Gesetz von 412, und das Pötelische von 441. Rudorff, Rechtsgeschichte I, 47; II, 294; und in Puchta's Institutionen, § 269. III, 83, 84.

[43]) Für den Entwickelungsgang,

durch welchen die publizistische Obligation aus dem privatrechtlichen Verkehr verdrängt worden ist, vgl. Huschke, Nexum, p. 15, 16, 131 ff.

[44]) Dieser Unterschied zwischen *Fiscus* und *Aerar* wird oft

gegenüber, die mit dem Staate contrahiren wollten, von der Machtvollkommenheit dieses letzteren nicht abgesehen. Man trennte den Staat als Machthaber und Gesetzgeber nicht vom Staate als activem und passivem Subjecte von Privatrechten, namentlich nicht vom Staate als Eigenthümer und Gläubiger. „Der *Populus Romanus* steht in Geschäften dem zu einer Geldschuld verpflichteten *privatus* als Berechtigter gegenüber. Hier ist die Person des Gläubigers schon von selbst stets und nothwendig dasselbe, wozu den *privatus* nur die publizistische Entstehungsart des *nexum* oder *iudicatum* erhebt."[43]) — „Der Vertrag, durch welchen sich der einzelne Bürger gegenüber dem Volke verpflichtete," sagt Bachofen,[46]) „hatte eine ganz andere Wirkung, als derjenige, welchen Privatleute unter sich abschlossen. Die Letzteren waren in allen Fällen auf eine persönliche Klage beschränkt, — ein Anspruch an die Person oder an das Vermögen des Schuldners kam ihnen nicht zu .... — Dem Aerar haftete die Person des Schuldners und durch ihre Vermittelung dessen gesammtes Vermögen für die richtige Erfüllung der Verbindlichkeit. Diese Verhaftung schloss sich als nothwendige Folge an den Hauptvertrag an, das Volk war durch dieselbe zum Verkauf des Schuldners nach eingetretenem Verzuge berechtigt."

Erst als der Privatfiscus des Fürsten das alte Volksärar verdrängte, hat auch die Auffassung im Rechtsbewusstsein gesiegt, dass Staat und Staatsbürger in Vermögensangelegenheiten wie zwei Privatpersonen einander gegenüberstehen, von denen die eine freilich sehr bevorzugt sein kann.

Die Formen des öffentlichen Rechts sind ihrer Essenz nach weit mehr stereotyp als die des Privatverkehrs. Der Staatsorganismus bildet den Rahmen zum stets wechselnden und immer flüssigen Bilde des alltäglichen Geschäftslebens. So blieb die

---

übersehen, so von Borchardi, der eben das Aerar anführt, um das hohe Alter der Fiction, welche der juristischen Person zu Grunde liegt, zu beweisen.

[45]) Huschke, N. p. 12.
[46]) Pfandrecht, p. 220, 221.

publizistische Bürgschaft die ganze ältere und mittlere römische Zeit hindurch die ordentliche Form der Sicherheitsleistung dem Staat gegenüber.⁴⁷)

18. Und so wird auch überall, wo von Bürgschaft durch *praedes* in unsern Quellen die Rede ist, dieselbe auf staatsrechtliche Verhältnisse bezogen, so bei den Geschichtsschreibern, bei Cicero,⁴⁸) bei den Grammatikern und Polygraphen.

Varro, De lingua Latina, V, 40: Praedia dicta, item ut praedes, a praestando, quod ea pignore data publice mancupis fidem praestent.

*Ibid. VI, 71. Praes: qui a magistratu interrogatus, in publicum ut praes sit;*⁴⁹ *a quoet, cum respondet, dicit; „praes."*

Festus, De Verborum Significatione, Vº. Compraedes. Eiusdem rei populo sponsores.

Manceps: qui quid a populo emit conducitve, quia manu sublata significat se auctorem emptionis esse, qui idem praes dicitur, quia tam debet praestare populo, quod promisit, quam is, qui pro eo praes factus est.

---

⁴⁷) Wie und wann sie auch von diesem Gebiete weichen musste, wird erst später geschildert werden können. — Es ist nicht unnütz, mit der Haftung der römischen Staatsschuldner diejenige der Griechischen zu vergleichen. Die Athenischen Steuerpächter und ihre Bürgen hafteten nach dem strengen Rechte der νόμοι τελωνικοί, welche auch auf andere ἔχοντας τά τε ἱερὰ καὶ τὰ ὅσια χρήματα ausgedehnt wurden. Petit, Comm. IV, 10, in Heinecc. *Jurispr. Rom. et Att. III,* 473 ss. Platner II, 119. Hermann I, § 126, n. 75, III, § 70.

⁴⁸) z. B. Div. 2, 17, 14. „Laodicaeae me praedes accepturum arbitror omnis pecuniae *publicae, ut et mihi et populo cautum sit ob vecturae periculo.*

⁴⁹) Der Codex Florentinus hat *ut praestet*, was Pomponius Laetus in der *Editio Princeps* (Rom 1471) beibehielt. Saumaise wollte *in publicum ut praestet* abändern in „*fidem publico ut praestet.*" Seine Motive dazu sind folgende: *Sed quid est in verbis Varronis: „In publicum praestare? Non puto hoc latinum esse. Certum est a praestando praedem dictum velle. Verum quid praestat publico vel in publicum, qui pro eo praes est? Fidem. Inde et fideiussores appellati."*

Praes est is, qui populo se obligat, interrogatusque a magistratu, si praes sit, respondet: „praes."

Dass die Hauptquellen, welche wir über die Lehre dieser Caution haben, staatsrechtlicher und nicht privatrechtlicher Natur sind, ist schon bemerkt worden.[30])

In der That betrachteten die klassischen Juristen die *Cautio praedibus praediisque* nicht mehr als zum Civilrechte gehörig. Gaius erwähnt ihrer nicht in der Lehre von der Bürgschaft, sondern nur in einer Stelle, welche von Verhältnissen des öffentlichen Rechts handelt, — und im Prozess.

Gaius II, 61: Item si rem obligatam sibi populus vendiderit, eamque dominus possederit, concessa est usureceptio, cet.

IV, 13 ... nam qui victus erat, summam sacramenti praestabat poenae nomine; eaque in publicum cedebat praedesque eo nomine praetori debantur, cet... — 16 ... Postea praetor secundum alterum eorum vindicias dicebat, id est interim aliquem possessorem constituebat, eumque iubebat praedes adversario dare litis et vindiciarum, id est rei et fructuum; alios autem praedes ipse praetor ab utroque accipiebat sacramenti, quod id in publicum cedebat. — cf. 94.

Aber in § 16 und § 94 werden *praedes litis et vindiciarum* erwähnt, deren Bestimmung dem Anscheine nach eine private ist, — und dies stört die Symmetrie? Man darf mit Heyne[31]) und Zimmermann[32]) annehmen, dass diese *praedes litis et vindiciarum* Ueberbleibsel von jener allgemeinen Anwendung der *praedes* waren.[33]) Als später bei der *in rem actio per spon*-

---

[30]) Einleitung § 1, 1.

[31]) Heyne, Diss. l. p. 15, 16. Auch er war der Ansicht, dass die *praedes* ursprünglich bei allen Geldobligationen anwendbar gewesen, nach und nach aber auf Staatsschulden beschränkt worden seien.

[32]) Zimmermann, Diss. l. p. 14, 15. Etwas anderes, aber verwandt, Dernburg Krit. Zschr. III, 79, 82. Pfandrecht I, 27, n. 7. Dernburg nimmt an, dass von alters her Privatbürgen, falls sie sich nur vor einem Magistrate verbürgten, *praedes* genannt wurden.

[33]) Die publizistische Natur des Legisactionenprozesses hebt Huschke hervor, Nexum p. 196.

Beschränkung der publizistischen Verbürgung § 7.

sionem die *stipulatio pro praede litis et vindiciarum* die Bürgen ersetzte, und wieder die *satisdatio iudicatum solui* die Stipulation *pro praede*, — da wurde einfach den Erfordernissen eines ganz veränderten Rechtsgangs Rechnung getragen.[34] [Man darf aber nicht vergessen, dass als Cicero ungefähr anderthalb Jahrhunderte nach dem Aebutischen Gesetze das Legisactionensystem als altes Rumpelwerk verhöhnte,[35]) die *Cautio praedibus praediisque* in vollster Blüthe, gleichsam in ihrer klassischen Periode stand; die *praedes litis et vindiciarum* waren aber schon

---

[34]) Diese Erklärung der *praedes litis et vindiciarum* scheint uns vollständig genügend, und wir finden keine Veranlassung, der interessanten aber etwas künstlichen Deduction Stintzing's beizutreten. (Kritische Zschr. III, 356.) Dieser Gelehrte geht von der Annahme aus, dass es von jeher nur öffentliche Interessen waren, welche durch *praedes* gesichert werden konnten. Beim Eigenthumsprozess sind nun nach ihm deshalb *praedes* und nicht Sponsoren gegeben worden, weil der Staat für das streitige Eigenthumsobject haftet, das er in seine Hand genommen, und das er dem erkannten Eigenthümer nach beendigtem Prozess zu liefern verpflichtet ist, wie empfangen und mit dem Zuwachs. Diese Verantwortlichkeit des Staates begründet auch sein Interesse an Sache und Früchte, und so musste ihm von interimistischen Besitzer cavirt werden, naturgemäss *praedibus*.

Danzens Erklärung (Sacralschutz, p. 220) beruht auch auf seiner eigenthümlichen Anschauung des *Sacramentum*. Nach ihm kann und muss der *populus* Sicherheit verlangen, dass der *impius* sich luire, *ut litetur*. Die *praedes* werden dem *populus* gestellt, sie machen sich dem *populus* verbindlich, „auf eigene Kosten dadurch zu luiren, dass sie *petitori litem et vindicias* ersetzen, damit, wenn der Verurtheilte nicht leistet, die dem Staate drohende Befleckung der *sacra* abgewendet werde."

Mommsen (Stadtrechte 468) ist im Irrthum, wenn er die *praedes litis et vindiciarum* dadurch erklären will, dass das formale Streitobject dem Staate zufällt. Er scheint dabei die *Praedes sacramenti* von den *praedes litis et vindiciarum* nicht scharf genug zu unterscheiden.

[35]) *Hoc iam tum apud illos barbatos ridicula credo videbantur* u. s. w. Mur. 12.

etwa hundert Jahre vor dem Repetundengesetz in der Praxis durch die *Stipulatio pro praede* ersetzt.

Auch in der *Cautio damni infecti* hat man *praedes* sehen wollen, welche durch ihre private Bestimmung den Zusammenhang störten, und dies wegen einer Lesart in L. 6 § 7 *Communi Dividundo* (10, 3).

Ulpianus, libro XIX ad Edictum. Si damni infecti in solidum pro aedibus caveris, Labeo ait, communi dividundo iudicium tibi non esse, hum necesse tibi non fuerit in solidum cavere, sed sufficere pro parte tua; que sententia vera est.[36]

Die Florentiner Handschrift hat *praedus*, die eine Lesart der Taurellier *praedibus* hat unverdientes Glück gehabt. Trotz Dernburg, welcher meint, „*praedibus* allein gebe einen vernünftigen Sinn"[37] (?), und Mommsen,[38] welcher *praediis* emendirt, muss mit Zimmermann für die andere Lesart der Taurellier, *pro aedibus* gestimmt werden.[39]

§ 8.
Vervollkommnung der publizistischen Verbürgung. Bildung der subsignatio praediorum.

19. Jene veränderte Auffassung der Verbindlichkeiten, welche das Verschwinden der publizistischen Obligation im privatrechtlichen Verkehr herbeigeführt, musste sich naturgemäss auch auf dem Gebiete des öffentlichen Rechts und im Inneren der publizistischen Obligation und der publizistischen Verbürgung selbst geltend machen. Durch die im entwickelten Verkehr begründete, nach aussen auch durch den pötelischen Volksschluss kund-

---

[36] cf. *Paullus V, 10, 1* (*Huschke*). Ob *metum impendentis damni vicinus vicino (repromittere, procurator vicini) satisdare debet, additis sponsoribus super eo quod damni acciderit.* cf. Gai. IV, 30, 31.

[37] Dernburg, Pfandrecht I, p. 28, n. 7.

[38] Stadtrechte 446, n. 30.

[39] Zimmermann Diss. l. p. 2, n. 3.

gegebene Umgestaltung der Rechtsanschauung verlor nach und nach die Execution ihren strafrechtlichen Charakter, und das Hauptgewicht der Verpflichtung trat von der Person des Schuldners auf dessen Vermögen über.⁶⁰) So bildete sich denn neben dem als Folge der publizistischen Obligation stattfindenden Verkauf der Person, nach und nach Verkauf und Zerschlagung des Vermögens allein aus.⁶¹) Der Staatsschuldner und dessen Bürge setzten nun nicht mehr ihre physische und sittliche, sondern blos ihre ökonomische Persönlichkeit ein. So kann nunmehr von einer leiblichen Verhaftung des Bürgen nicht mehr die Rede sein.⁶²)

20. Sowie aber der Staat für die Sicherstellung seiner publizistischen Forderung gegen den Hauptschuldner wie gegen den Bürgen nur ökonomische Garantien hatte, musste es zum Bedürfnisse für ihn werden, dieselben zu stärken, zu potenziren. Der Staatsschuldner, der Staatsbürge, war nur vermögensrechtlich verhaftet. Wie, wenn er dem Staate seinen Anspruch vereitelte, sich ökonomisch verschlechterte, oder gar zu Grunde ging? Realcredit musste nun zum Personalcredite hinzutreten, welcher zu geschwächt war, um allein den Anforderungen des Gemeinwesens zu genügen.⁶³) Das einfachste Mittel, welches dem

---

⁶⁰) Liv. 8, 28... *ferre ad populum ... pecuniae creditae bona debitoris non corpus obnoxium esset.*

⁶¹) Puchta Instit. § 179 (II, 239), § 246 (II, 726) — Keller Civil-Prozess, § 83. Vgl. Rudorff, R. G. § 89 ss. (II, p. 291 pp.) Dass von einem plötzlichen Umschlag die Rede nicht sein kann, ist selbstverständlich.

⁶²) Huschke, N. 131 s. „Von nun an sollte für Geldschulden blos noch das Vermögen, nicht die Person selbst haften, das heisst die Capitalstrafe nebst der *Sectio familiae* in demselben Umfange abgeschafft sein, und statt dessen bei (dem *Caput* und der *Familia* nach) unverletzter Person blos noch das Vermögen als *bona praedia* haften."

⁶³) Nach vielen Gelehrten ist dies der Zeitpunkt, in welchem die Hypothek, vielleicht kurz nach der *fiducia*, in das Römische Rechtssystem eindringt... „*cum utilitas pignorum irrepserit*". l. 14 § 1 de pecunia constituta (13, 5) — Kuntze in Schletter's

Staate zu Gebote stand, um sich Befriedigung auf jeden Fall zu sichern, war wohl unstreitig: gewisse Vermögensstücke seiner Schuldner, des Hauptschuldners oder des Bürgen, oder beider, so festzuhalten, dass sie ihm auch im Veräusserungsfalle nicht entgehen konnten, und von denen auch gesagt wurde, *fidem mancipis praestant*.⁶¹) Diese Vermögensstücke waren aber durchweg liegende Güter,⁶²) und so sehen wir in den mehrsten Fällen Verpfändung von Grundstücken als regelmässig integrirenden Theil der Sicherheitsleistung durch *praedes*,⁶⁵) vom Ackergesetze bis zum Stadtrechte von Malaga. Ohne Zweifel blieb das Griechische Recht auf diesen Bildungsgang, sei es mittelbar, sei es auch unmittelbar gewesen, nicht ohne Einfluss.⁶⁷)

Dass jenes aber nicht nothwendig der Fall war, dass immer noch Verbürgung ohne Verpfändung stattfinden konnte, erhellt aus der Natur der Sache und aus dem Umstande, dass vielfach *praedes* ohne *praedia* erwähnt werden, z. B. bei Strafsummen u. dgl.⁶⁶) Nicht aber umgekehrt: so oft wir in den Quellen von

---

Jahrbüchern VII, p. 12: „Es scheint uns, als konnte sich die *fiducia* erst entwickeln, nachdem aus den Trümmern des alten Nexum sich die einfache *Obligatio* erhoben hatte. Die *fiducia*, als Pfand, setzte eine *obligatio* voraus, welche nicht mehr *corpus et caput* (die *familia*) des Schuldners schlechthin erfasste; nur für eine solche *obligatio* entstand das Bedürfniss einer Realsicherheit durch Vermögensstücke, u. s. w."

⁶⁴) Varro V, 40. In der Pariser Ausgabe von 1529 und in derjenigen von Gryphius, Lyon, 1535, steht für *praedia praeda*. Sc a l i g e r in seinen Conjecturen zu Varro l. l. sagt: „Olim prae- dam vocabant id quo in locationibus et rebus mancipi et aliis eiusmodi publice carebatur.

⁵²) cf. *infra* § 18.

⁵³) cf. *l. agr. passim. Lex Puteol., l. Mal 63, 64. Schol. Bob. Or. 244 Et c.*

⁵⁷) Puchta Inst. II. 760 (§ 251, n. a.). Rudorff in Zschr. XIII, 192 ss. — cf. Boeckh, Staatshaushalt I, 156 u. a. — Hermann § 67, u. s. w.

⁶⁶) Lex. repet. 17, Liv. 38, 58, 60. Gell. 6, 19 u. s. w. — Mal. 60. Die von Mommsen erfundene eventuelle Verpfändung von Seiten des Kassenbeamten beruht auf Missverständniss; davon und von den andern falschen Ansich-

praedia subsignare lesen, müssen wir ein Bürgschaftsverhältniss darunter verstehen.⁶⁹) Denn dem Staate wie dem Prätor, und zu Rom wie in Griechenland,⁷⁰) muss durch Bürgen Sicherheit geleistet werden,⁷¹) und der Hauptschuldner ersetzt durch Verpfändung eigener Grundstücke die Verpflichtung eines Bürgen nicht, sowie auch derjenige, welcher *praedia* für einen Staatsschuldner subsignirt, kein anderer sein kann, als ein *praes*.

Sehr bestimmt ausgedrückt ist der Charakter der Subsignation als Verstärkung der ökonomischen Garantie in dem 60. Abschnitt des Stadtrechts:

Mal. 60. .... arbitratu eius qui ea comitia habebit praedes in commune municipum dato ... Si de ea re iis praedibus minus cautum esse videbitur, praedia subsignato arbitratu eiusdem.

21. In der Periode, welcher unsere Quellen angehören, und welche als die Zeit der vollkommen ausgebildeten *Cautio praedibus praediisque* betrachtet werden darf, erscheint folgender Sprachgebrauch als für Bezeichnung dieser Sicherheitsleistung üblich.

---

ten § 27. — Im Civilprozess sind schwerlich jemals Güter verpfändet worden; es ist immer nur von *praedes* die Rede, was schon aus der Zeit zu schliessen ist, in welcher die Sacramentsbürgen blühten.

⁶⁹) Tac. G, 17. Festus Vᵒ. Quadrantal.

⁷⁰) S. Hermann, griech. Alterth. I, § 126, und die dort citirten Schriftsteller und Stellen.

⁷¹) Macrob. I, 6. L. 7 *de Stipul. praet.* (46, 5). Dies übersah Heyne (Diss. 14, 15), als er allerdings in literaler Anlehnung an den Sprachgebrauch, meinte, es sei bald mit *praedes*, bald mit *praedia*, bald mit beiden cavirt werden. Ebenso Dernburg p. 29, welcher jedoch S. 26 mit gebührendem Nachdruck hervorhebt, dass die Sorge für möglichste Sicherheit der Staatsforderungen eine politische Nothwendigkeit war. Eine Anlehnung an die staatsrechtliche Souveränität des Staats über das gesammte Staatsterritorium scheint mir aber nicht nothwendig, um die Verpfändung zu ermöglichen. Diese ist vielmehr aus den Bedürfnissen des Verkehrs entsprungen, ohne dass man dabei an eine abstracte Rechtfertigung gedacht hätte.

Die Handlung des Hauptschuldners heisst: *praedes dare,* Livius 38. 58, *Lex repetundarum* 55, *Lex Malacitana* 60, Gellius 6, 19 u. s. w.

Praedibus praediisque cavere, Cicero Verr. II, 1, 54, 142.
Praedibus ac praediis cavere, Livius 22, 60.
Praedia praedesque dare, Lex agraria 47, 100.
Praedes dare praediaque subsignare, L. agr. 45.
Praediis cavere, Tacitus, Ann. 6, 17.
Praedia dare, L. agr. 47, 84. Festus V⁰ *Quadrantal*
Praedia subsignare sowohl allein als in Verbindung mit *praedes dare, L. agr. 73, 84; L. Puteol., L. Malac. 60.*
Praedia subdere subsignare obligare, L. Malae. 63, 64.
Praedia obligare, L. agr. 48, Schol. Bob. 2, 244'(Or.).
Subsignare apud aerarium, Cicero, *Flacc. 32, 80.*
Subsignare schlechthin, *L. agr. 73, 84; Lex Puteol. ad fin.*
Pro praede subsignare, L. agr. 28.

Obligare bezeichnet mehr den Zustand als die Handlung. Daher der Gegensatz in *L. agr. 74 in publico obligatum erit in publicumve subsignatum erit.*

Vom Bürgen sagt man *praedem fieri, L. agr. 21, 41, L. Malac. 64,* Festus V⁰ *Manceps,* und ebenso wie vom Hauptschuldner *se populo obligare,* Festus V.⁰ *praes, fidem aerario obligare* (Sueton Claud. 9), *fidem interponere, Schol. Bob. l. l., praedia dare,* Festus V⁰ *Quadrantal,* u. s. w.

Die Execution wurde immerfort durch *praedes vendere* bezeichnet. Im Stadtgesetze von Malaga kommt in einem und demselben Satze vor, *eosque praedes eaque praedia eosque cognitores vendere legemque his vendundis dicere ius potestasque esto, dum eam legem in rebus vendundis dicant, cet.*[12] —

22. Die sach- und quellengemässe Bedeutung der *Subsignatio Praediorum* wird erst unten in ihrem inneren Wesen studirt werden können;[13] dort werden auch die vielen falschen Ansichten über diesen Gegenstand angeführt und bekämpft worden. Hier ist nur zu bemerken, dass mehrere Schriftsteller die

---

[12]) L. Malac. 64. | [13]) § 27—30.

praedia und die *praedes* so verschmolzen haben, dass sie sogar das Wort *praedium* vom Worte *praes* ableiten.[71] Für die Einen sind demnach die *praedia* solche Güter, durch welche sich der Staat vorsieht,[73] für Andere die Güter, durch welche sich ein Bürge zum Bürgen qualifizirt; die Meisten lassen *praedium* von *praes* abstammen, ohne den Sinn, den sie darin finden mögen, mitzutheilen. Dernburg nennt es das Staatspfand, und wundert sich, „dass die Phantasie des Römers von allen Qualitäten des Grundstücks, welche zu dessen Bezeichnung dienen konnten, nur dessen Verpfändbarkeit an den Staat herausgriff!"

Von vorne herein erscheint es als durchweg unnatürlich, die Bezeichnung der Sache κατ' ἐξοχήν aus einer zufälligen Beziehung der Person abzuleiten.[74]

Der indessen nicht zu läugnenden juristischen und subjectiven Bedeutung von *praedium* im Gegensatz zu *fundus* und *ager*[77] steht die naturgemässe Ableitung nicht entgegen. *Praedium* hängt mit *praeda* und *praedo* zusammen, welche Wörter

---

[71]) So schon Graevius, p. 7. „Nam praedia proprie quaevis pignora rei publicae oppignorata notant, sive sit pecunia, sive mancipia, sive agri et domus, quia vero res immobiles magis idonea sunt ad fidem praestandam quam mobiles, inde per excellentiam sic dictae sunt res soli sive immobiles, proprie quidem quae rei publicae pignori erant datae, deinde quaevis possessiones immobiles, quamvis publico non essent obnoxiae.

[73]) Isidor: *quod ex omnibus patris familias maxime providetur, id est apparet, quasi praevidium* — ist viel vernünftiger!

[74]) *Heredium* darf hier nicht eingewendet werden. Es ist einfach das Eigen des Sachsenspiegels, das Vermögensstück κατ' ἐξοχήν, und steht mit *herus*, *dominus* in ebenso engem Zusammenhange als mit *heres*. Die Stammgutsnatur hebt Rudorff hervor. Grom. Inst. II, 303. — Varro's Etymologie *praedium* a *praestando* ist Spielerei, und Doederlein's flüchtige Hypothese (a „*pro-aedio*") entspricht dem Begriffe nicht.

[77]) Doederlein, Synon. 3, 6.

verwandt sind mit *prae-hendere, prendere*. Wurzel ist *hed*.[78])
Maassgebend in der Bildung des Worts ist das Besitzergreifen, das Erbeuten gewesen, zugleich also die subjective Beziehung, das Verhältniss zum Besitzer oder Eigenthümer, — im Gegensatze zu den anderen Bezeichnungen von Grundstücken, die auf den Begriff des Unbeweglichen oder auf die Bestimmung zurückführen, also immer objectiver Natur sind.

Uebrigens ist diese Denennung im Zusammenhange mit der gesammten Nomenclatur der Eigenthums- und Erwerbsverhältnisse im alten Rom aufzufassen. Ist es nöthig an den Speer, Symbol des Eigenthums, zu erinnern, an die Worte des Gaius, welche dies erklären sollen?[79]) an die Wörter *emere*,[80]) *capere, mancipare* u. s. w., lauter Wörter und Sachen, die auf eine Vorstellung des Erwerbs als Zugreifen, also auf die ursprünglichste Erwerbsart unverkennbar hindeuten?[81]) Und darf dies befremden, in einer Sprache, welche Krieger mit Mann, Lanzenträger mit Bürger, und Kriegssinn mit Tugend übersetzt?[82]

---

[78]) Pott, Etymol. Forschungen I, 142, 199. Ihering Geist I, 109 ss. — So auch Isidor, als 2. Etymologie, in Röm. Feldm. I, 389.

[79]) Gaius 4, 16.

[80]) Pott I, 261. Festus V°° *Abemito, Redemptores.*

[81]) Man denke noch an *territorium, ager occupatorius.* — Rudorff Grom. Instit. 2, 251, 252.

[82]) Wira ist im Sanscritischen ein Krieger, ein Held. Vgl. Pott I, 106. Ihering I, 113, 114. „Alle rohen Völker halten den Krieg nicht blos für die ehrenvollste, sondern auch ergiebigste Einkommensquelle. *Pigrum et iners videtur, sudore adquirere quod possis sanguine parare,* war der Grundsatz nicht blos der Germanen des Tacitus, sondern jeder ähnlichen Culturstufe. Noch heutzutage ist bei den arabischen Nomadenstämmen das Wort Räuber ein Ehrentitel." Roscher's Ansichten über Volkswirthschaft, 1861, S. 38. — cf. Puchta I, § 40, p. 133 s.

CAPITEL II.

Voraussetzungen der Cautio praedibus praediisque.

A. Fälle, in welchen praedibus praediisque cavirt wurde.

a. Im Ganzen.

§ 9.

23. Dass eine Hauptschuld vorhanden sein muss, damit eine Bürgschaft vorhanden sein könne, ist nach allgemeinen Grundsätzen selbstverständlich. Es handelt sich nur darum, bei welchen Gattungen von Hauptschulden die Bürgschaft durch *praedes* anwendbar oder erforderlich ist?

Nach obiger Auseinandersetzung dürfen wir als feststehend annehmen, dass die Sicherheitsleistung durch *praedes* aus der alten sogenannten publizistischen Obligation entsprungen und mit ihr verwachsen war, dass diese Caution nach dem Verschwinden des *nexum* im Gebiete des Privatrechts überhaupt ihre Nothwendigkeit, ihren inneren Grund, und schliesslich ihre practische Anwendbarkeit verlieren musste, um durch andere, zum Theil neuere Erscheinungen ersetzt zu werden.

Auf dem Gebiete des Staatsrechts dagegen sehen wir die *Cautio praedibus praediisque* bis in die Kaiserzeit hinein in beständigem Gebrauch. Wo das Volk auf irgend eine Weise

32 Fälle, in welchen praedibus praediisque cavirt wurde § 9.

als Gläubiger erscheint, wird ihm durch Bürgen (und Güter) cavirt. So z. D. wenn der Staat Privaten Gold lieh;[83] so musste der wegen Peculat Verurtheilte *praedes* stellen, um die Execution abzuwehren;[84] wegen einer von einem Volkstribun irrogirten Mult werden *praedes* verlangt,[85] wie in dem Plebiscit auf der Bantinischen Tafel von den dem Gesetze zuwiderhandeln-

---

[83]) Wie nach der Niederlage bei Cannae, anno 536, vorgeschlagen wurde Liv. 22, 60. „*Ibi cum sententiis variaretur, et alii redimendos de publico, alii nullam publice impensam faciendam nec prohibendos ex privato redimi, si quibus argentum ex praesentia deesset, dandam ex aerario pecuniam mutuam, praedibusque ac praediis cavendum populo censerent.*" Cf. 7, 21.

Tac. Ann. 6, 17. „*Eversio rei familiaris dignitatem ac famam praeceps dabat. donec tulit opem Caesar disposito per mensas millies sestertio, factaque mutuandi copia sine usuris per triennium, si debitor populo in duplum praediis cavisset. Sic refecta fides et paulatim privati quoque creditores reperti.*

Von diesem Borgen vom Staate handelt Heyne, p. 19. Die Erzählung Suetons von Claudius gehört nicht hierher, denn nichts bezeugt, dass er vom Staate irgend Etwas geborgt habe.

[84]) So im Jahre 565 A. Hostilius Cato, Legat, und C. Furius Aculeo, Quästor des

L. Scipio Asiaticus, Liv. 38, 58, und Scipio nach Liv. 1. L 60 und Valerius Antias in Gellius 6, 19, 8. „*Damnatum eum peculatus ob Antiochinam pecuniam, quia praedes non daret, in carcere duci caeptum atque ita intercedente Graccho exemptum.*"

[85]) Gell. 6, 19. Intercessionsdecret der acht Tribunen: *Quod P. Scipio Africanus postulauit pro L. Scipione Asiatico fratre, cum contra leges contraque morem majorem tribunus plebis hominibus accitis per vim inauspicato sententiam de eo tulerit multamque nullo exemplo irrogauerit praedesque eum ob eam rem dare cogat, aut, si non det, in vincula duci iubeat, ut eum a collegae vi prohibeamus. Et quod contra collega postulauit, ne sibi intercedamus, quominus suapte potestate uti liceat, de ea re nostrum sententia omnium ea est: si °L. Cornelius Scipio Asiaticus collegae arbitratu praedes dabit, collegae ne eum in cincula ducat intercedemus; si eius arbitratu praedes non dabit,*

Bürgschaftsleistung im Sacramentsprozess § 10.

den;⁸⁶) ebenso bei Pacht und Kauf vom Staate, bei Uebernahme von Leistungen an den Staat u. s. w. Die wichtigeren Fälle sind einzeln durchzugehen.

b. Insbesondere.

§ 10.
1. Bürgschaftsleistung im Sacramentsprozess.

a. Praedes sacramenti.

24. In der *Legis actio sacramento* wurde bekanntlich das Sacrament entweder deponirt, oder blos dem Prätor versprochen und versichert,⁸⁷) und die Versicherung geschah alsdann durch *praedum datio*.⁸⁸) Dass dies durch ein Papirisches Gesetz eingeführt sei, wird durch nichts erwiesen.⁸⁹) Ueber die Haftung dieser Sacramentsbürgen ist uns nichts besonders überliefert; ihre Bestellung selbst ist ganz ordnungsgemäss, da das *iniustum sacramentum* dem Staate zufiel.

b. Praedes litis et vindiciarum.

25. Ebenso musste im Sacramentsprozess *in rem* derjenige von beiden Litiganten, welchem der interimistische Besitz zugesprochen war, *praedes* stellen für Herausgabe der Sache und der Früchte, im Falle, dass er unterliegen sollte.⁹⁰)

Wie diese „Privatbestimmung" der Bürgen mit dem Wesen der *praedes* zu vereinigen sei, ist oben gezeigt worden.⁹¹)

---

quominus collega sua potestate utatur, non intercedemus."

⁸⁶) *Lex romana tabulae Bantinae*, c. 2: ... *si condemnatus erit, quanti condemnatus erit, praedes ad quaestorem urbanum det, aut bona eius publice possideantur facito* ...

⁸⁷) Nach D a n z (Sacraler Schutz, p. 203, n. 3) war der Gebrauch des einen oder des anderen Verfahrens reine Zweckmässigkeitsfrage. Nach Keller, (C. P. § 13) ist in der Verkehrsentwickelung die *Deposition* der *Praedum datio* vorangegangen.

⁸⁸) Gai. 4, 13, 16.

⁸⁹) Anderer Meinung P u c h t a, Institutionen II, § 161, n. g.

⁹⁰) Gai. 4, 16 etc. Vat. Fragm. 336.

⁹¹) § 7, 16.

§ 11.
2. Bürgschaftsleistung im Repetundenprozess.

26. An die *Legis actio sacramento* und die darin vorkommenden *praedes* knüpft sich unmittelbar an die Bürgenstellung im Repetundenprozess.

Da dieser Prozess sowohl unter dem Rechte des Junischen[92]) als unter dem des Calpurnischen Gesetzes[93]) in Form einer *Legis actio sacramento* vor sich ging,[94]) in welcher das Sacrament an den Staat, die Litis Aestimation an den Gegner fiel, so kommen natürlicherweise die *praedes sacramenti* und die *praedes litis vindiciarum* hier vor, wie in jedem Sacramentsprozess.

27. Das Acilische Repetundengesetz vom Jahre 631 oder 632[95]) verordnet bei fehlender Zahlung Stellung von *praedes* von Seiten des Verurtheilten.

    v. 57. *De praedibus dandeis bonisve vendundeis.*

    Quei praetor ex h(ace) l(ege) de ea re quaesierit, is, utei quod recte factum esse volet, primo quoque die facito, utei is quei ex h(ace) l(ege) condemnatus erit, pequniam in aerario ponat de consili maioris partis sententia, quantam eis censuerint. Sei ea pequnia in aerarium ita posita non erit, tum, quei ex h(ace) l(ege) condemnatus erit q(uaestori) praedes facito det de consili maioris partis sententia, quanti eis censver[int. Sei ita] praedes datei non erunt, bona eius facito puplice possideantur, conq[uaerantur, vendantur .... [96])

---

[92]) M. Junius, D. F. Volkstribun. — L. Rep. c. 8, Z. 23.

[93]) L. Calpurnius L. F. Piso Frugi, 605, Volkstribun.

[94]) Rudorff, R. G. I, §31. L. rep. l. l.

[95]) Klenze, *Fragm. legis Serviliae* 1825. — cf. Rudorff, in Zschr. für gesch. RW. XIV, n. 3, R. G. I § 31; und *Ad legem Aciliam de pecuniis repetundis*, Berol. 1862.

[96]) Rudorff, in der letzt genannten Schrift.

Bürgschaftsleitung in Repetundengesetz § 11.

28. Das Julische Repetundengesetz,[97]) welches wir im Prozess des A. Gabinius und in dessen Anhängsel, dem Prozesse des C. Rabirius Postumus, angewendet sehen, scheint darin keine Neuerung eingeführt zu haben.[98])

§ 12.
3. Bürgschaftsleistung bei Kauf vom Staate.

29. Wer vom Staate kaufte, musste, insofern er nicht baar bezahlte, mit *praedes* und *praedia* Sicherheit leisten für seine Verpflichtung *ex empto*.

Festus l.° *Manceps: qui quid a populo emit conducitve, quia manu sublata significat se auctorem emptionis esse, qui idem praes dicitur, quia tam debet praestare populo quod promisit, quam is qui pro eo praes factus est.*[99])

Die wichtigsten Zeugnisse hiezu sind uns im Ackergesetze von 643 überliefert, welches verordnet, dass das in Africa noch befindliche Gemeinland verkauft werden soll, Cap. 19. Dieser

---

[97]) von 695. Rudorff l. l.
[98]) *Cic. pro Rabirio Postumo* 4, '8. „*Est enim haec causa, QUO EA PECUNIA PERVENERIT, quasi quaedam appendicula causae iudicatae atque damnatae. Sunt lites aestimatae A.° Gabinio, nec praedes dati, nec ex eius bonis, quanta summa litium fuisset, a populo recepta est.*",
13, 37. „*Itaque si aut praedes dedisset Gabinius, aut tantum ex eius bonis, quanta summa litium fuisset, populus recepisset: quamvis magna ad Postumum ab eo pecunia pervenisset, non redigeretur.*"

[99]) cf. Schol. Bob. Or. 2, 244. Der Sprachgebrauch, wonach censorische Locationen als *venditiones* bezeichnet wurden, ist bekannt, *quoniam veluti fructus publicorum locorum venibant.* — In Cic. Att. 13, 3, scheint die Gütermasse eines insolventen Staatsschuldners verkauft worden zu sein, cf. Heyne, p. 24 infra. C. Nepos sagt von Atticus: *nunquam ad hastam publicam accessit, nullius rei neque praes neque manceps factus est,* als seien es coordinirte Begriffe.

Verkauf soll aber theils ein blosser Scheinverkauf, *namo uno venditio*, das heisst eine Assignation, sein, theils ein wirklicher Verkauf. Was ersteren betrifft, so wird hierbei Stellung von Bürgen und Pfändern ausdrücklich ausgeschlossen, was schon vorher beiläufig geschehen war:

Z. 47. [*Quem agrum locum ex hac lege sestertium nummo uno venire oportebit, quicumque eum agrum locum d]e mag(istratu) romano emit, is pro eo agro loco pequniam neire praecides nei[ve praedia dare debeto, neve quis praes ab eo datus ob eam] rem, quod praes factus est, populo obligatus est[o ... quive ob eu]m agrum locum manceps praesve factus est, quodque praedium ob [eam rem populo obligatum est ...]*

Bei dem wirklichen Kaufe dagegen sind sehr eingehende Bestimmungen über die zu leistende Caution:

Z. 45. [*Quem agrum ex hac lege venire oportet] oportebitve, quod eius agri locei quoicique emptum est, [extra eum agrum locum, quem ex hac lege sestertium nummo uno venire oportet oportebitve: is cui ager locus in eo agro loco emptus est, pecuniam populo dare debeto, proque ea pecunia praedes dato praediaque arbitrio praetoris qui inter cires ius dicet satis subsignato, m]anceps praecides praediaque soluti sunto. Eaque nomina mancup]um praedum praediorum is quaestor], quei aerarium provinciam optinebit, in tableis [publiceis ita scripta habeto, ut quantum pecuniae quemque, cui is ager locus emptus est, populo dare oporteat, quique praedes pro eo facti sint, quaeve praedia pro eo obligata sint, descriptum assignatumve sit].*

Auch den Käufern Corinthischer Grundstücke wird Stellung von Bürgen vorgeschrieben.

Z. 99. [*Qui ager locus aedificium Corinthiorum fuit, quod eius agri loci aedificii ex hac lege venire oportebit, quod eius] agri loci aedificii quoicique [emptum] erit, [is eius pequniae, q[uam ob eos agros loca aedificia populo dare debebit, praediaque praedesque dato ... manceps praedia prae]cidesque nei magis solutei sun[to. Eaque] no-*

mina mancupa[m praedum praediorum is quaestor, qui aerarium provinciam obtinebit, in tabuleis publicis … scripta habeto … here]dibusque eorum persequtio e[sto.

Qui] ager locus aedificium … dare damnas esto …

Es folgen einige nulesbare Zeilen, welche besondere Bestimmungen über die Verpflichtungen der Bürgen enthalten haben mögen.

Wann und unter welchen Umständen die Cautiou zu liefern war, wird Z. 73 festgestellt:

[Quicumque pro eo agro loco aedificio, qui in Africa est, qui ager locus Romae publice veniit venieritve, populo, eive qui eo nomine a populo mercabitur, pecuniam dare debebit, quae pecunia in diebus proximis, quibus is ager locus, qui in Africa est, Romae publice] venierit, populo soluta non erit, is pro eo agro loco in diebus CXX proxsumeis ea praedia, quae s(upra) s(cripta) s(unt), arb(itratu) pr(aetoris), quei inter ceives tum Romae ious deicet, satis supsignato.

Pr(aetor) quei inter ceives Romae ious dei[cet, si in diebus CXX proximis, quibus is ager locus, qui in Africa est, Romae publice veniit venieritve, neque praes pro ea pecunia, quae ob eum agrum locum populo debetur debebiturve populo eive qui eo nomine a populo mercabitur, datus erit, neque] praedium antea ob eum agrum locum in publico obligatum erit in publicu[mve subsignatum eri]t,[100]) agrum locum, quo pro agro loco satis ex h(ae) l(ege) arb(itratu) pr(aetoris) supsignatum non erit, pequnia praesenti vendito.

Quae [pecunia ex ea venditione redacta fuerit, eam pecuniam praetor, qui inter ceives Romae ius dicet, ei quaestori dato, qui aerarium provinciam obtinebit. Quaestor qui aerarium provinciam obtinebit, eam pecuniam accipito et in tabulis publicis scriptum habeto.[101])

---

[100]) Mommsen liest: *in publicu[mve praes datus eri]t.*

[101]) Zimmermann's Ausführungen, S. 42, 43, scheinen mir

§ 13.
4. Bürgschaftsleistung bei Pacht von Vectigalien.

30. Bekanntlich beruhte das ganze römische Steuerwesen, wie das Griechische, auf dem Prinzip der Verpachtung, welches — wenigstens für die indirecten Steuern — bis tief in die Kaiserzeit hinein ausschliesslich geltend war. Ebenso wurden die Nutzungen von Staatsgütern an den Meistbietenden verpachtet, und beides, indirecte Steuern wie Nutzungen, wurde unter dem gemeinsamen Namen *vectigalia publica populi romani* den Ultrotributen entgegengesetzt, welche an die Mindestbietenden verdungen wurden. Die Pächter von Vectigalien leisten dem Staate Sicherheit *praedibus et praediis* für ihre Verpflichtung *ex conducto*.[102]) Dies ist unbedingt der Hauptfall der Sicherheitsleistung durch Bürgen und Güter.[103])

Die grossen Gesellschaften der Steuerpächter bestanden bekanntlich ausser den unmittelbaren Pächtern, *mancipes*, und Genossen, *socii*, welche die Verbindlichkeit mit übernahmen, auch

---

nicht ganz klar. Der *is qui eo nomine a populo mercabitur* ist kein Prädiator, sondern der Publikane, der die Kaufgelder gepachtet hat. Die *venditio pecunia praesenti* hat mit Execution nichts gemein, sondern es ist weiter nichts als eine zweite Licitation des Grundstücks. Baarzahlung ist die einfache Folge des ganzen Systems der Verpachtung und schliesst sich an die im vorigen Capitel erwähnten Zeitbestimmungen an. — An einem bestimmten Termin mussten die aus dem Verkauf der Staatsländereien herrührenden Summen aus Aerar erstattet worden sein. Cf. Macrob. sat. I, 12. Becker-Marquardt, Alterthümer, II, 2, 242. Rudorff Zschr. X, 121, 122, 123.

[102]) Dass dies auch in Griechenland Regel war, ist bekannt; gleiches Bedürfniss ward auf gleiche Weise befriedigt. Hermann I, § 126 et c. III, 70, ss. Wachsmuth II, § 98, p. 111. — Petit, Comm. ad leges Att. IV, 10, 1, in Heinecci. Jurisprud. Romana et Attica III, p. 471.

[103]) Nach Heyne auch der ursprüngliche.

aus *praedes*, welche sich für sie verbürgten, und eventuell ihre Güter verpfändeten.¹⁰⁴)

31. Diese Sicherstellung wird mehrfach bezeugt, von Polyb, dann von Varro und Anderen.

De lingua latina V, 40: Praedia dicta, item ut praedes, a praestando, quod ea pignore data publice mancupis fidem praestant.

Festus V° Manceps: qui quid a populo emit conducitve, quia manu sublata significat, se auctorem emptionis esse qui idem praes dicitur, quia tam debet praestare populo quod promisit, quam is qui pro eo praes factus est.

Scholia Bobiensia zu Cicero, Flacc. 32 (Orelli II, 244): *Et subsignandi haec solebat esse causa, ut aut qui vectigalia redimeret, aut qui pro mancipe vectigalium fidem suam interponeret, loco pignoris praedia sua rei publicae obligaret, quoad omnem pecuniam redemptores vectigalium repensarent.*

Z. 27 des Ackergesetzes ... [*Qui ager ita ex publico in privatum commutatus erit, quanti agri patriti nunc qui fruendum conduxerunt publicum L. Caecilio Cn. Dom*]*itio cens(oribus) redemptum habent, censoribus, queiquomque posthac facteis erunt, ei facin[nto, qui posthac publica conducere] volent tantidem pro patrito redemptum habeant p(ro) p(raede) supsignent.*¹⁰⁵)

Speziell auf Pacht von Nutzungen der Staatsländereien geht die 84. Zeile desselben Gesetzes:

Pr(aetor), quoius arb[itratu) pro agro loco, quei Romae publice venierit, e(x) h(ac) l(ege) [ita uti scriptum est populo

---

¹⁰⁴) L. 1 § 2 *de loco publico fruendo* (43, 9). Polyb. 6, 17: οἱ μὲν γὰρ ἀγοράζουσι παρὰ τῶν τιμητῶν αὐτοὶ τὰς ἐκδόσεις, οἱ δὲ κοινωνοῦσι τούτοις, οἱ δ᾽ ἐγγυῶνται τοὺς ἠγορακότας, οἱ δὲ τὰς οὐσίας διδόασι περὶ τούτων εἰς τὸ δημόσιον.

¹⁰⁵) Vgl. L. 5 § 10. *De jure immunitatis* (50, 6), L 2 § pen. *De admin. rerum* (50, 8); und infra. — Ganz anders restituirt Mommsen, a. a. O. 81, allein, wie mir scheint, ohne genügenden Grund.

satis subsignari oportet oportebitve, is facito, ut pro eo agro loco, quem publicanus fruendum conduxerit, ita uti supra scriptum est, praedia dentur.]

Nun wird gegen den die Verpfändung von Gütern unterlassenden Pachter eine Art Zwangsverfahren vorgeschrieben, welches noch nicht genügend aufgeklärt ist.

Quibus pro agris praedia data non erunt, pro eis ag[ris ter tanti invito eo quei dabit, accipito, facitoque, qui ex h(acc) l(ege) praedia dederit, utei ei satis supsig[natum sit. (Mommsen: supsig[netur neive quis quid farsit, quominus etc.)

Quominus ex h(acc) l(ege) praedium queiquomque relit supsignet pequniamve solvat praesque queiquomque ex h(acc) (lege) fieri volet fiat, [eius hac lege nihil rogatur.[106]

Huschke erklärt das Verfahren so: „Der Prätor soll, wenn der Publicane für gewisse Aecker keine *praedia* subsignirt hat, dafür, wider den Willen des zur Stellung der *praedia* verpflichteten Publicanen Sicherheit von irgend einem dazu sich erbietenden Dritten, und zwar mit so vielen *praediis*, dass dadurch der dreifache Betrag der Schuld des Publicanen gedeckt wird, annehmen, und zugleich dafür sorgen, dass dem, der so für den Publicanen *praedia* zur Sicherheit bestellt hat, wiederum von Seiten des Publicanen zur Genüge subsignirt werde."[107]

Man hat Mühe zu begreifen, wie sich ein Dritter veranlasst finden mochte, für den Widerspenstigen seine Güter zu verpfänden und noch dazu für den dreifachen Werth. Freilich wurde nach dem Wortlaute des Gesetzes und nach Huschke's System diesem Dritten wieder vom säumigen ersten Publicanen durch Verpfändung Sicherheit geleistet. Aber wozu dieser schwerfällige Umweg, der dem ganzen Streben nach Einfachheit, welches der

---

[106] Rudorff, Zeitschrift X, 129 ... „(die africanischen Abgaben werden an Societäten von Publikanen verpachtet), welche dem Staate bei Strafe des Dreifachen Bürgen stellen müssen etc."

[107] Huschke, krit. Jahrb. V, 612.

römischen Staatswirthschaft im Kleinen wie im Grossen eigen war, so schreiend widerspricht?[108]) Welches Interesse konnte auch Huschke's Erklärung den Dritten bewegen, seine Grundstücke zu verpfänden? Erklärlich wäre es allenfalls noch eher, wenn dieser für den einfachen Betrag intercedirt, gegen den Widerspenstigen aber einen Anspruch auf's Dreifache erhalten hätte; davon ist aber im Gesetze keine Spur! [„*Quibus pro agris praedia data non erunt, pro eis ag*]*ris ter tanti invito eo quei dabit, accipito, facitoque qui ex h(ace) l(ege) praedia dederit, utei ei satis supsignatum sit.*" Warum nicht gleich oder nach kurzer Frist mit *missio in bona* verfahren?

32. Bemerkenswerth ist es, dass in dem Ackergesetze auch die Einziehung der Kaufgelder für die an Private verkauften Staatsländereien an Speculanten verpachtet wird.[109]) Dies erhellt ganz bestimmt aus den Zeilen 70—72 des Ackergesetzes. *Is qui eo nomine a populo mercabitur* deutet auf das Gewerbe des Publicanen hin, und die Zeitbestimmungen zeigen, dass diese Kaufgelder wie die Nutzungen und Abgaben und zugleich

---

[108]) Vielleicht würde man der Wahrscheinlichkeit und der Wahrheit näher treten, wenn man das ganze Verhältniss auf den Zeitpunkt der Adjudication zurückführen würde. Versäumt es der Adjudicatar, binnen bestimmter Frist Sicherheit zu leisten, so wird auf seine Kosten von Neuem adjudicirt und der neue Adjudicatar auf den ersten angewiesen, und zwar für die dreifache Summe. Dies ist aber auch nicht in Einklang mit dem von Rudorff wie von Huschke restituirten Wortlaut der Z. 84. Doch spricht wenigstens dafür eine schiefe Analogie des Julischen Municipalgesetzes, schief, da der Unterhalt der Strassen dem Mindestfordernden zugeschlagen wird, die Nutzung öffentlicher Güter an den Meistbietenden verpachtet. Cf. *L. Julia Municip.* II, Z. 40—45. — Ausser Huschke scheint keiner von den Bearbeitern der *Cautio praedibus praediisque* gesucht zu haben, die Z. 84 des Ackergesetzes zu erklären. Mommsen's Restitutionsversuch scheint aber die Sache nicht eben zu fördern.

[109]) Rudorff, Zeitschrift X, p. 121. Huschke in Richter's krit. Jahrb. 612 ss.

als diese versteigert wurden. Dass auch hiefür Bürgschaft geleistet, leuchtet ein.

[*Qui agri quae loca quaeve aedificia in Africa publica populi romani facti sunt, qui eorum publice veniit, quantum ei, qui eum agrum emit, pe]quniae adsignatum discriptum adsignatumve in tabuleis publiceis est eritv[e, tantam pequniam populo ex eid(ibus) Mart(iis), quae, post(ea) quam vectigalia consistent quae post h(ance) l(egem) r(ogatam) primum consistent, primae erunt, in[ferre debeto; neve is quaestor qui aerarium provinciam obtinebit, eam pecuniam, quae ob eos agros eaque loco aedificia ab eo qui eos agros eaque loca aedificia emerit, populo eive, qui eo nomine ab populo mercabitur, debebitur, propiore die exigito, atque] uteique in h(ace) l(ege) s(criptum) est; neive quod pequniae ob eam rem propiore die exactum er[it, atque uteique] in h(ace) l(ege) s(criptum) e(st), is quei pequniam populo dare debebit, ei, quei eo nomine ab populo mercassitur, ob eam rem pequniam ei nei ante idus Martias, quae postea quam vectigalia consistent, quae post hanc legem rogatam primum consisterint, primae erunt, dare debeto, neve eam pequniam ante dato, quam eos agros eaque loca aedificia emptos esse fuisseve plan]um fiat, neive quis mag(istratus) neive pro magistratu) facito neive quis senator decernito, q[uo ea pequnia], quae pro agreis loceis aedificieis, quei s(upra) s(cripti) sunt, populo debetur debebiturve, aliter exsigatur atque utique in h(ace) l(ege) s(criptum) est.*[110])

[110]) Mommsen a. a. O. S. 84 restituirt wie folgt: Z. 70. *Quantae quis pequniae ab populo mercassitur, quam pequniam qui agrum locam publicum in Africa emit erunt emerintve, pro eo agro loco populo dare debent debebuntve, ... quod eius pequniae adsignatum cet... inferto. Z. 71: Quei eo nomine ab populo mercassitur, ex eidibus Martis iisdem quam pequniam, qui agrum locum publicum in Africa emit emeritve, pro eo agro loco populo dare debet debebitve, ab eo exsigito ... Neive quis eam pequniam propiore die exsigito atque] uteique in h(ace) l(ege) s(criptum) est, cet ...*

33. Dass in den Latinischen Stadtgemeinden die Gemeindegefälle nach ähnlichem Systeme wie in Rom verpachtet wurden, und dass der Pächter durch Bürgen und Güter Sicherung geben musste, lehrt uns der 63. Abschnitt des Stadtrechts von Malaga:

R. De locationibus legibusque locationum proponendis et in tabulas municipii referendis.

LXIII. Qui II vir iure dicundo praerit, vectigalia ultroquetributa, sive quid aliud communi nomine municipum eius municipii locari oportebit, locato. Quasque locationes fecerit quasque leges dixerit, quanti quid locatum sit et qui praedes accepti sint quique praediorum cognitores accepti sint, in tabulas communes municipum eius municipii referantur facito, et proposita habeto per omne reliquum tempus honoris sui, ita ut de plano recte legi possint, cet...

§ 14.

5. Bürgschaftsleistung der Uebernehmer von Ultrotributen an den Staat.

34. Staatsbauten und öffentliche Leistungen wurden von der competenten Behörde — Censoren, Aedilen, Prätoren, Quästoren — licitirt und den Mindestfordernden zugeschlagen.[111])

Der Adjudicatar musste *praedibus praediisque* caviren für Erfüllung seiner *Obligatio ex conducto*. Ein besonders berühmtes Beispiel hat uns Cicero in der Episode des Pupillen Junius überliefert.[112])

Wie in Rom, so auch in den Municipien. Die bereits im vorigen Abschnitt angezogene 63. Rubrik des Stadtrechtes von

---

[111]) Für die *locationes censoriae* u. dgl. ist zu vergleichen Bekker-Marquardt, III, 2, p. 69 ss. — Lange I, 588—591.

[112]) Verr. II, 1, 50—56, besonders aber § 142—144. — cf. Polyb. l. l., und L. Jul.-Munic. II, 40—45. Sieh auch *L.* 2 § pen. *L. de Adm. rer.* (50, 8) und § 11 ead.

44 Bürgschaftsleistung der Uebernehmer von Ultrotributen § 11.

Malaga schreibt die Art und Weise vor, wie die Verdingsbedingungen, Preisbestimmungen, Bürgen und Pfänder, verzeichnet und bekannt gemacht werden sollen.[113] Eine solche *tabula publica locationis*, der bekannte Bauverdingungsvertrag von Pozzuoli, ist uns erhalten worden.[114] Die Güter sind auf der Tafel nicht verzeichnet: sie sind noch gar nicht subsignirt; erst wenn sie es sein werden, wird die erste Rate des vertragsmässig festgesetzten Preises ausbezahlt werden. Diese *Lex parieti faciundo Puteolana* ist auch deshalb interessant, weil das Verhältniss des allgemeinen Schemas zum concreten Vertrag sich darin besonders prägnant gestaltet.

Operum Lex II. Lex parieti faciundo in area quae est ante aedem Serapi trans viam. Qui redemerit praedes dato praediaque subsignato duumvirum arbitratu.

Folgen technische Anleitungen zum Mauerbau, die uns nicht interessiren. Dann:

Hoc opus omne facito arbitratu Duovirum et Duoviratium qui in consilio esse solent Puteolis, dum ni minus viginti adsint, cum ea res consuletur. Quod eorum viginti iurati probaverint, probum esto. Quod ii improbarint improbum esto. Dies operis K. Novembr. primis. Dies pecuniae: Pars dimidia dabitur ubi praedia satis subsignata erunt. Altera Pars dimidia solvetur opere effecto probatoque. C. Blossius Q. F. HS. MD. Idem praes Q. Fuficius Q. F., Cn. Tettius Q. F. C. Granius C. F., Ti. Crassitius.[115]

---

[113] v. § 13, 33.
[114] Zuletzt bei Mommsen, in den Inscript. R. Neap., n. 2458.

[115] Aldus Manutius und Ursinus lesen *idemque*. —

§ 15.
6. Amtscautionen.
a. Ueberhaupt.

35. In den Pandecten finden sich mehrere Zeugnisse von einer Pflicht solcher städtischen Beamten, welche mit dem Gemeindevermögen zu thun haben, für ihre Verwaltung Bürgen zu stellen. So L. 1 *pr.* § *ult. De Mag. conv.* (27, 8), L. 3 § *fin. de peculio* (15, 1), L. 68 *pr. de fideiussor.* (46, 1), L. 1 § *pen.*, L. 11, L. 13, L. 17 § *ult. Ad Municipalem* (50, 1), namentlich aber L. 2 *pr.* § 1 *cod*; L. 3 § *pen.* § *ult. De Admin. rerum* (50, 8); L. 16 § 2 *de Muneribus* (50, 4). Die Bürgschaftsleistung wird noch erwähnt in einer Constitution des Caracalla, *L. un. Cod. De periculo eorum qui pro magistratibus* (11, 35).[116]) Dass diese Bürgen der Duoviren und sonstigen Kassenbeamten ursprünglich *praedes* waren, ist vorerst aus der Sache selbst zu schliessen, und aus dem Umstande, dass einer Gemeinde cavirt wurde.[117]) Sodann spricht sehr dafür die L. 3 § *ult. De Administr. rerum* (50, 8).

Papinianus libro I Responsorum. Pro magistratu fideiussor interrogatus pignora quoque specialiter dedit; in eum casum pignora videntur data, quo recte convenitur, videlicet postquam res ab eo servari non potuerit, pro qua intercessit.

Ein Bürge, welcher Vermögensstücke verpfändet, sieht einem *praes* äusserst ähnlich, obschon er zu Papinian's Zeit auch ein einfacher *fideiussor* gewesen sein kann; die *cautio praedibus*

---

[116]) Dass in den Justinianischen Rechtsbüchern mit *Magistratus* die Duovirn bezeichnet werden, ist bekannt. Savigny, Gesch. des R. R. I, p. 29 (1. Auflage).

[117]) Saumaise schon hatte richtig gerathen, dass die Bürgen der Municipalbeamten *praedes* waren, *De modo usurarum* p. 741.

praediisque war damals dem Verschwinden nahe, der *fiscus* mit *fideiussio*, Generalhypothek, und Verpfänden einzelner Vermögensobjecte hatte das Aerar mehr oder minder vollständig verdrängt.[118])

Nirgends finden wir auch nur eine Spur von einer solchen Bürgschaftsleistung bei römischen Magistraten, sodass angenommen werden muss, dass eine solche in Rom selbst unbekannt war. Der Grund dazu mag wohl zum Theil in dem Umstande liegen, dass alle Beamten, denen Staatsgelder anvertraut waren, bei Beendigung ihrer kurzen Amtszeit genaue Rechnung ablegen mussten; vor Allem aber ist er in der gänzlich abhängigen Stellung zu suchen, auf welche die Kassenbeamten dem Staate gegenüber angewiesen waren. Der Senat als oberste Finanzbehörde hatte die fortwährende Oberleitung der Staatseinkünfte und ganz besonders der öffentlichen Ausgaben. Es ist bekannt, dass ohne Anweisung des Senats die Quästoren keine Zahlung aus dem Aerar leisten durften. Auch standen die Censoren bei der Budgetverwaltung unter derselben beständigen Oberaufsicht und Führung, so z. B. in Beziehung auf die für die öffentlichen Bauten zu verwendenden Summen. Nicht zu übersehen ist hierbei, wie bedeutende Geldmassen den Kassenbeamten durch die Hände gingen, und dass es schwierig gewesen sein würde, für ihre Garantie genügende Bürgen zu finden. Minder gewichtig ist das aus dem Senatorencensus hergenommene Argument,[119]) da die Quästur, welche doch das Kassenamt *κατ' ἐξοχήν* war, wohl zum Senate führte, nicht aber der Senat zur Quästur. Ist es doch ungewiss, ob überhaupt vor August ein Senatorencensus existirt hat! Und wenn wir in der *Lex Malacitana* allerdings keinen *census* erwähnt finden, so wissen wir doch, dass in den Stadtgemeinden im Ganzen zum Eintritt in den Senat ein *census* erforderlich war.[120])

---

[118]) Cf. infra § 31.
[119]) Mommsen, Stadtrechte 420.
[120]) Becker-Marquardt, III, 1, 367.

§ 16.

b. Im Stadtrechte von Malaga.

36. Der gewöhnlichen Municipalverfassung im Ganzen und Grossen gemäss erwähnt das Stadtgesetz Duovire, Aedilen, Quästoren. Quinquennalen kommen darin nicht vor: die Censur wird von den Duoviren gehandhabt. — Als solche, welche die Caution leisten sollen, nennt aber das Gesetz nur die Duovire und die Quästoren.

R. Ut de pecunia communi municipum caveatur ab iis, qui duumviratum quaesturamve petent.

LX. Qui in eo municipio II viratum quaesturamve petent quique propterea, quod pauciorum nomine quam oportet professio facta esset, nominatim in eam conditionem rediguntur, ut de his quoque suffragium ex hac lege ferri oporteat: quisque eorum, quo die comitia habebuntur, antequam suffragium feratur, arbitratu eius qui ea comitia habebit praedes in commune municipum dato, pecuniam communem eorum, quam in honore suo tractaverit, salvam iis fore. Si de ea re iis praedibus minus cautum esse videbitur, praedia subsignato arbitratu eiusdem. Isque ab iis praedes praediaque sine dolo malo accipito, quoad recte cautum sit, uti quod recte factum esse volet. Per quem eorum, de quibus II virorum quaestorumve comitiis suffragium ferri oportebit, steterit, quo minus recte caveatur, eius qui comitia habebit rationem ne habeto.

Unter der 57. Rubrik heisst es: *... et uti quisque prior maiorem partem numeri curiarum confecerit, eum, cum hac lege iuraverit caveritque de pecunia communi, factum creatumque renuntiato, vel ...*

Duumvire und Quästoren wären nach dem Gesetze die Einzigen, *qui pecuniam communem tractant*. Es ist kein Grund vorhanden, der uns allgemein berechtigen sollte, von dem Stellvertreter des Duumvir eine Sicherheitsleistung zu verlangen. Eben der Umstand, dass er seine Gewalt mandirt erhält vom

Duovir, der die Stadt verlässt, ohne einen Collegen dort zurückzulassen, macht die Sicherheitsleistung seinerseits überflüssig, denn der Mandant ist für seinen Mandatar verantwortlich. Wenn wir uns aber einen vom Kaiser-Duovir ernannten Präfecten vorstellen, so scheint es doch nothwendig, trotz dem Stillschweigen der Quellen Stellung von *praedes* hier anzunehmen. Denn der Präfect war alsdann das ganze Jahr hindurch allein im Amte, und vertrat ganz und gar die Stelle, welche sonst die beiden Duumvirn einnahmen; wir sehen aber nirgends, dass seine Verwaltung vom Gemeinderath in grösserem Masse beschränkt worden wäre.[121] Dass aber in solchen Jahren mit der *pecunia communis* ohne vorherige Cautionsleistung gewirthschaftet worden, ist nicht wahrscheinlich.

Die Latinischen Aedilen haben jedenfalls zu der Zeit caviren müssen, *pecuniam communem salvam fore*, als sie das Geld der Brüchen selber einzogen,[122] welche sie kraft ihrer Multirungsbefugniss verhängten. Da sie aber nach unserem Stadtgesetze verpflichtet sind, die von ihnen erkauften Geldstrafen bei den Duoviren einschreiben zu lassen, kommt ihnen kein öffentliches Geld mehr in die Hände, und so werden sie füglich nicht mehr als cautionspflichtig erwähnt.

Die Duumvirn bilden die oberste Gemeindebehörde; ihre Amtsthätigkeit umfasst Gerichtsbarkeit, Leitung der Senatsverhandlungen und der Magistratswahlen, endlich Verwaltung des Gemeindevermögens, indem sie die Vectigalien verpachten und die Ultrotributen verdingen, wobei namentlich die gänzliche Unabhängigkeit vom Senat in ihrem Schalten und Walten hervorzuheben ist.

Die Quästoren sind die ordentlichen Verwalter der Gemeindekasse unter den Duovirn, und spielen hier eine ähnliche vermittelnde Rolle als wie in Rom, obschon auch sie vom Senate minder abhängig sind.

In die Einzelheiten des vom Stadtrechte, 57 und 60, vor-

---

[121] L. Salpens. 24, 25.   [122] Mommsen, Stadtrechte 450.

geschriebenen Wahlmodus einzugehen, liegt ausserhalb unseres Gebiets; nur eins ist hervorzuheben, nämlich dass die Leistung der Caution nach der ersten Beeidigung seitens dessen *qui comitia habet*, und vor der Renuntiation stattfindet. Beides, Schwur und Caution, ist nothwendige Vorbedingung der Renuntiation. Wenn einer von den Candidaten verhindert, dass richtig und genügend gesichert werde, so soll er von der Candidatur ausgeschlossen werden.[123]

B. Requisite in der Person des Bürgen.

§ 17.

37. a. Die einzige positive Vorschrift, welche unsere Quellen hiefür enthalten, ist eine Stelle im Ackergesetz, Z. 46, *manceps praedes praediaque soluti 'sunto*. *Solutus* bedeutet hier unzweifelhaft das Gegentheil von *obligatus*, wie in L. 174 de V. S.; ebenso wird auch in der 100. Zeile des Ackergesetzes gesagt, *manceps praedes praediaque ne magis soluti sunto et c.*[124] — So durften die Bürgen wie auch der Hauptschuldner

---

[123] Nach dem Sprachgebrauch der *Lex Malacitana* stehen die Bürgen dafür ein, *pecuniam communem*, sonst *rem publicam salvam fore*. Die Grenzen dieses Begriffs werden näher bestimmt in L. 3 § ult. *de Admin. rer.* (50, 8), L. 17 § 14, 21 pr. § 1, 24 *Ad Municipalem* (50, 1) — cf. *infra* § 24 . . .
Der Caution der Beamten eigenthümlich ist, dass sie im Fall der Beamte *filius familias* ist, beim Vater *ipso iure* angenommen wird. *L. 2 pr. Ad Municipalem*: . . . *proinde quidquid in re publica filius gessit, pater ut fideiussor praestabit. Gerere in re publica* wird gleich darauf erklärt: *pecuniam publicam tractare sive erogandam decernere.* — § 3, § 4 ead.

[124] Dieser Gegensatz ist in allen Auffassungen durchgreifend. Wir finden ihn bei den verpfändeten und den keinem Pfandrechte unterworfenen *praedia* wieder, und auch im gromatischen Sprachgebrauch heissen die Arcifinien *soluti* im Gegensatze zu den *obligati limitibus et terminis*. Siculus Flaccus in den Röm. Feld-

keiner anderen publizistischen Verpflichtung untergeben, verhaftet sein.[125]) Dies ist an und für sich eine logische Folge von der allgemeinen Verhaftung des Staatsschuldners und dessen Bürgen, von jener Einsetzung der gesammten Persönlichkeit. Die practische Gestaltung lässt sich aber nicht wohl erkennen. Ist dieser Grundsatz durch den Uebergang des Schwerpunkts der Verpflichtung auf das Vermögen nicht alterirt worden? Wie verhält er sich zum magistratischen Ermessen? und wie ist er mit dem gewerbmässigen Betriebe jener grossen Publicanengesellschaften und mit dem Bestehen unverhältnissmässig kleiner Leistungen in Einklang zu bringen? Man denke nur an die Fütterung der Gänse auf dem Capitol, oder an das Bemalen der Götterstandbilder, und dergleichen ... Das Material fehlt zur quellenmässigen Erläuterung dieser Bedenken.[126])

38. b. Die allgemeinen Requisite Civität und Testabilität müssen hier selbstverständlich angenommen werden.[127]) Ebenso wenig scheint es zweifelhaft, dass der *Praes* grundsässig sein musste. Denn will man dies auch nicht mit Mommsen aus der Analogie jener alten Bestimmungen über den

---

messern I, 137, 23. Rudorff, Gromat. Instit., II, 252, 254.

[125]) Bachofen, Pfandrecht 218, 219. „Anderweit verhaftete *praedes* dürfen in keinem Falle zugelassen werden."

[126]) Zimmermann p. 6, 8.

[127]) Huschke, Zschr. für gesch. R. W., XIV, p. 268. „Ohne Zweifel konnte also auch als *manceps* oder *praes* wie durch *votum*, (denn Staat und Götter stehen einander dem Bürgen gegenüber im Rechte gleich) nur ein *civis paterfamilias pubes* sich verpflichten." L. 2 § 1 *de pollicit.* (50, 12). Dafür will Huschke auch in Cic. Verr. I, 54, 56, einen Beleg sehen. Verres nämlich wäre nach ihm wohl berechtigt gewesen, den Neubau des Castortempels an den Pupillen Junius nicht abermals zu verdingen, und Cicero geht echt advocatenmässig „so geschickt als leise" über diesen Grundsatz hinweg. Diese Behauptung scheint unter allen Umständen sehr gewagt. Dass aber diese ganze Geschichte irrthümlich von Huschke hieher gezogen wird, wird weiter unten gezeigt werden.

Vgl. noch 141, 143 u. Verr. III, c. 7, „*ne is redimeret cuia res esset.*"

Requisite in der Person des Bürgen § 17.

vindex schliessen,[128]) so muss man es doch aus dem durch die Scholia Bobiensia u. s. w. bezeugten so häufigen Brauch der Verpfändung von Grundstücken[129]) nothwendig folgen lassen. *Locuples* musste natürlich der Bürge sein, und Grundbesitz war damals schon wie jetzt und weit mehr noch als jetzt der massgebende Moment dafür.[130])

C. Requisite in der zu subsignirenden Sache.

§ 18.

39. Nicht viel ausführlicher sind die uns überlieferten Nachrichten von den Erfordernissen der zu verpfändenden Vermögensstücke. Man hat die Phantasie vielfach zu Hülfe rufen müssen, um die Dürftigkeit der Quellen zu bemänteln.

a. Die Quellen reden in der Regel von *praedia*. Nun hat schon im vorigen Jahrhundert Conradi,[131]) und nach ihm Huschke,[132]) auch Perlen in der Fähigkeit subsignirt zu werden den Grundstücken gleichstellen wollen, und eine Subdition von werthvollen Mobilien aus [einer vereinzelten, kritisch unsichern Stelle des Plinius[133]) herausconstruirt. Daran ist nichts unmögliches. Plinius sagt von den Perlen:

---

[128]) Mommsen, Stadtrechte 470, n. 37, '471, hält (wie schon in der Tribus) *ad-siduus* für gleichbedeutend mit ansässig.

[129]) *Schol. Bob.* zu Cic. Flacc. 32, (On. 2, 244). Mommsen l. l. n. 34. „Es kann nicht bezweifelt werden, dass wenn ein Beamter einen nicht grundsässigen Bürger als Garanten annahm, er vielleicht einer Mult sich aussetzte, die Garantie aber gültig war."

cf. *L. agr.* 84, 100, Huschke krit. Jahrb. V, 594.

[130]) Sieh infra § 23, „Sufficienz, Ermessen.

[131]) Conradi, *De veris mancipi et nec mancipi rerum differentiis liber singularis*, Helmstädt 1739.

[132]) Huschke in den Krit. Jahrbüchern. V, 601.

[133]) Plin., Hist. natur. IX, 35, 60.

Requisite in der zu subsignirenden Sache § 18.

„*Et hoc aeternae prope possessionis est: sequitur heredem, in mancipatum venit, ut praedium aliquod.*

Mancipatus ist das Verhältniss, die Verpflichtung des *Manceps, mancipis consortium vel munus*,[134]) Huschke bezieht dies Wort auf die *subsignatio praediorum* und hebt hervor, dass Gaius II, 61, von *res obligata*, nicht von *praedium obligatum* spricht.[135]) Es ist kein Grund vorhanden, die Fähigkeit ähnlicher Pretiosen, namentlich für die spätere Zeit, absolut zu verwerfen, obschon sie zum ganzen Wesen der Subsignation nicht recht passt, und nur diese einzige ziemlich verwischte Spur dafür spricht, sonst Alles, vorerst der allgemeine Sprachgebrauch, dagegen.[136]) Nur muss man sich hüten, die Perlon unter den Namen und Begriff *praedium* zu bringen, was freilich nahe liegt, wenn man *praedium* mit Staatspfand für identisch hält.[137])

b. Wie der *manceps*, wie der *praes* nicht schon dem Staate obligirt sein dürfen, so muss auch das *praedium* nicht schon an den Staat verpfändet sein, es muss *solutum* sein. Die hierauf bezügliche Stelle des Ackergesetzes ist schon angeführt, Z. 46, *manceps praedes praediaque soluti sunto*; zu vergleichen ist noch Cicero, *De lege agraria* 3, 2, „*soluta meliore in causa quam obligata.*"[138])

c. Die Grundstücke, die dem römischen Staate verpfändet wurden, mussten im echten quiritarischen Eigenthum des Verpfänders stehen, *censui censendo* sein, des *ius Quiritium* fähig,[139]) also vorerst auf natürlich oder künstlich italischem Bo-

---

[134]) Dirksen hoc V°.

[135]) Ebenso Paullus in L. 16 § 1 *De pigneratitia* (13, 7), *res in publicum obligata* …

[136]) Oder liesse sich eine Analogie aus *L. 22 de Administratione tutoris* (5, 37) ziehen? *mobilia pretiosa* der Bevormundeten als relativ unbewegliche Sachen? es wäre wohl sehr künstlich.

[137]) cf. *supra* § 8, 32. n. 74.

[138]) Das von allen Ansprüchen des Staats freie Grundstück ist *fundus optimo iure privatus*, cf. L. agr. Z. 27, und *infra* § 23.
Rudorff, Gromat. Instit. II, 379.

[139]) Rudorff, a. a. O. 307. Zschr. XIII, p. 192. Dernburg, Pfandrecht p. 31.

den. Dies ist unläugbar richtig geschlossen aus *Cicero pro Flacco 32, 80: „Illud quaero, sintne ista praedia censui censendo? habeant jus cirile? sint, necne sint mancipi? subsignari apud aerarium, aut apud censorem possint?"*

Die Grundstücke auf Provinzialboden standen im Privateigenthum des römischen Volks: wie hätten sie ihm verpfändet werden können?[140])

D. Form der Verbürgung und der Subsignation.
§ 19.

40. Die Art und Weise, wie dem Staate Sicherheit geleistet wurde, ist uns sowohl im Sprachgebrauche selbst, als in den Quellen so klar überliefert, dass Meinungsverschiedenheiten hierüber wirklich schwer zu begreifen sind. Der Sprachgebrauch ist oben im § 8, 21, quellenmässig angegeben worden.

Dem Rechtscharacter der Periode gemäss, welcher die *Praedes* angehörten, musste eine bestimmte Wortformel gesprochen werden, damit die Verbürgung stattfinden konnte. Klar genug äussert sich hierüber Varro in der schon angeführten Stelle:

6, 71: *Praes qui a magistratu interrogatus, in publicum ut praes sit; a quo et, cum respondet, dicit. „praes".*

Also Frage und Antwort, damit ist das obligatorische Verhältniss geschlossen, welches somit ein Verbal-Contract ist.[141])

Dies ist dem allgemeinen Charakter der Bürgschaft im Römischen Rechte gemäss, welche bekanntlich nur durch Stipulation eingegangen werden konnte.[142]) Gleichgiltig hiebei, ob *respondere* bei Varro einen technischen Sinn hat, oder blos

---

[140]) Dernburg, a. a. O. 32.
[141]) So Huschke, krit. Jahrb. V, 605. Bachofen, Pfandrecht 217. Zimmermann, p. 7. Dernburg, Pfdr. p. 27. Vgl. Rudorff, Zschr. X, 122: „eine mündliche Stipulation und Promission" ... Festus V° *Praes* stimmt wörtlich mit Varro überein.
[142]) § 1 J. de Verb. Obll. 3, 15.

„antworten" bedeutet.[143]) Der Zusammenhang von „*pracs*" sc. „*sum*" mit der gesammten publizistischen Terminologie ist nicht zu verkennen.[144])

Die Namen des Hauptschuldners und der Bürgen, und die Thatsache der Verbürgung wurden in eine Urkunde aufgenommen, wahrscheinlich vom Magistrate, dem die Bürgschaft geleistet worden war, und diese Urkunde jedenfalls von den sich Verpflichtenden unterzeichnet.[145])

Die Verpfändung der Güter geschah durch Verzeichnung in dieselbe Urkunde, und, natürlich, Unterschrift der sich Verpflichtenden, des Hauptschuldners wie der Bürgen, da die verpfändeten *Praedia* sowohl dem Einen, als dem Anderen gehören konnten.[146]) *Subsignare praedia* heisst wörtlich: „seine Unterschrift unter die *praedia* setzen",[147]) und diese schriftliche Form passt vortrefflich zum späteren Ursprung der Subsignation.

---

[143]) Salmasius p. 735, sieht hier eine förmliche Sponsion vor dem Magistrate und fasst *respondere* als ein *promittere* auf. Aehnlich Bekker, Proz. Consumtion, p. 184.

[144]) Huschke, N. 52. *Manceps sum*, *Auctor sum*, *Vas sum*, *Vindex sum*, *Damnas esto* …

[145]) Vgl. Rudorff in Zschr. X, p, 122. Huschke a. a. O. u. s. w.

[146]) supra § 8, und *infra* § 27.

[147]) *Subsignatum dicitur, quod ab aliquo subscriptum est, nam veteres subsignationis verbo pro subscriptione uti solebant*". — Paul. in *L. 39 pr. de V. S.*

cf. Brisson, Dirksen, hoc V° Dass *subsignare* „unter-schreiben" bedeutet, hat mit *subdere*, *subesse*, *ὑποθήκη*, *pignore suppositum*, nichts zu schaffen, und thut der Bedeutung jener Wörter keinen Eintrag. Vgl. dagegen Zimmermann p. 22, für den s. = *ita signare ut subsit*, was gezwungen ist.

An Erklärungen von *subsignare* hat es übrigens nie gefehlt. Guillaume Fournier leitete es von einem aufgesteckten Schilde ab, wodurch das Grundstück als verpfändet und verschuldet bezeichnet wäre, und brachte dies mit *L. 2 ut nemini liceat* (2, 17) und mit der griechischen Sitte in Verbindung. (*Forner. Select. 1*, 24 ad fin. In *Otto II*, 36).

So erklärt sich auch das absolute *subsignare* oder *satis subsignare* für Caution leisten.[148])

So wäre denn in der Caution durch Bürgen und Güter bei der Verbürgung der Verbal Contract wesentlich, denn nur ihn erwähnen Festus und Varro, die Verzeichnung in die Urkunde dagegen von Seiten des Magistrats ein blosses *naturale negotii*, welches wir wohl vorausgesetzt, nirgends aber ausdrücklich erfordert finden, — und für die Verpfändung der Güter ist die Unterschrift der vom Magistrat aufgestellten Urkunde durch Hauptschuldner resp. Bürgen die richtige Form, wie durch den beständigen Sprachgebrauch bezeugt wird.[149])

Schliesslich haben sich Unterschrift und Verpfändung so identifizirt, dass späterhin *subsignatio* mit *pignori datio promiscue* gebraucht werden konnte, selbst in Verhältnissen, wo von *praedes* und *praedia* nie die Rede war.[150])

41. Die vom Magistrat aufgenommene Urkunde wurde nun dem Quästor des Aerars zugefertigt, welcher sie im Archiv niederlegte:[151]) die Handlung heisst *deferre* oder *referre ad aerarium*. Worin sie eigentlich bestand, ist ungewiss. Ob Besiegelung der subsignirten Urkunde durch den Schatzbeamten, oder Abschrift, und Verwahrung im Aerar,[152]) — ob Einschreiben in Grundbücher, — ist fraglich. Letzteres war jedenfalls in

---

[148]) *V. supra* § 8. *L. agr. v. 74*, 84.

[149]) *supra* § 8.

[150]) *L.* 5 § 10 *de Jure Immunitatis* (50, 6), *L.* 28 § 3 *C. de adm. tut.* 5, 37.

[151]) Cf. Dirksen Civ. Abhandl. 2, 46. Brisson *de formulis II, 81, 1.* — Ebenso wird von der Rechnungsablegung der Kassenbeamten gesagt, *referre* oder *deferre ad aerarium*. Das Eincassiren von Geldsummen in das Aerar heisst *pecuniam populo inferre*, *L. agr.* v. 70. Cf. für den Sprachgebrauch Cic. *de lege agr.* I, 4, 12, 5, 15, c. n. *Ep. ad Div.* 5, 20. *Arch.* 5, 11.

[152]) Welches ja sowohl Staatsarchiv als Schatzkammer war. — Auf Abschrift scheint klar zu deuten das *descriptum adsignatumve* in der *Lex agraria*, 45, u. a. Cf. Huschke krit. Jahrb. 5, 604.

Malaga üblich; das Stadtgesetz ist höchst belehrend zur Kenntniss dessen, was in die Stadtbücher vermerkt wurde.

R. *De locationibus legibusque locationum proponendis et in tabulas municipii referendis.*

LXIII . . . . *Quasque locationes fecerit quasque leges dixerit, quanti quid locatum sit et qui praedes accepti sint quique praediorum cognitores accepti sint, in tabulas communes municipum eius municipii referantur facito, et proposita habeto per omne reliquum tempus honoris sui, ita ut de plano recte legi possint, quo loco decuriones conscriptive proponenda esse censuerint.*

Z. 45 des Ackergesetzes heisst es auch:

. . . . *Eaque nomina mancipum praedum praediorum*[133]) *is quaestor], qui aerarium provinciam obtinebit, in tabulis [publicis ita scripta habeto, ut quantum pecuniae quemque cui is ager locus emptus est, populo dare oporteat, quique praedes pro eo facti sint, quaeve praedia pro eo obligata sint, descriptumve assignatumve sit.*[134])

Und Z. 100:

. . . . *eaque [nomina mancipum [praedum praediorum is quaestor qui aerarium provinciam obtinebit, in tabulis publicis . . . . scripta habeto.*[135])

Der Ausdruck *subsignare apud aerarium* in *Cic. Flacc. 32*, will nicht sagen, dass man beim Aerar von Neuem hätte unterschreiben müssen: er erklärt sich hinlänglich aus der Niederlegung, resp. Einschreibung im Aerar.

42. Der Unterschied zwischen Annahme der Caution durch den Magistrat und Eintragung durch den Archivbeamten ist

---

[132]) „Auch Götter haben ihre Namen" bemerkt sehr richtig Bachofen! Pfdrecht 218, n. 8.

[134]) Vgl. Z. 70: *quantum ei qui eum agrum emit pecuniae assignatum descriptum assigna-* *tumve in tabulis publicis est erit ve.*

[133]) *Tabulae publicae v. communes* können ebensowohl *Acta publica* als „öffentlich angeschlagene Tafeln" sein. In *L. Mal.* letzteres.

Form der Verbürgung und der Subsignation § 19.   57

von den bisherigen Bearbeitern dieser Frage nicht scharf genug aufgefasst, in der Regel sogar ganz übersehen worden. Und doch lässt sich nur durch das Festhalten an diesem Unterschied das Verhältniss des Quästors zu dem Prätor im Ackergesetz, wie überhaupt das Verhältniss der *subsignatio* zur *relatio* auf der einen und zum Verbalcontract auf der andern Seite befriedigend erklären. Richtig erkannt, aber nicht durchgeführt ist diese Scheidung von Dernburg.[156])

Heyne, dem nur die Puteolanische Tafel als Hülfsquelle zu Gebote stand, hatte eine ziemlich richtige, wenn auch unvollständige Ansicht vom Ganzen;[157]) er fasste *subsignare* einfach als „Unterschreiben" auf, während es Saumaise, wie später Zimmermann, mit *supponere* in Verbindung brachte.[158])

Rudorff[159]) erkennt bei der Verbürgung die beiden Bestandtheile, Stipulation nebst Repromission, und Unterschrift. Letzteres ist aber seiner Ansicht nach das Wesentliche, weil es für Beobachtung der mündlichen Förmlichkeit eine Präsumtion begründet, nach § N *J. de fideiussoribus (3, 20)*.[160])

Mommsen[161]) hält die Stellung von Pfändern und Bürgen für gänzlich formlos. Annahme durch den Magistrat, wie auch nur geschehen, begründet die Verpflichtung, Frage und Antwort, Unterschrift und Eintragung sind üblich, nicht aber solenn, u. s. w. — Es wäre freilich nöthig, sich darüber zu erklären, was „förmlich" und was „formlos" heisst, denn oben hat Mommsen[162]) von der „altförmlichen Römischen Sicherheitsleistung *praedibus et praediis*" gesprochen.

---

[156]) Dernburg, Pfandr. p. 30.

[157]) Heyne p. 15. *Sed quo modo ista cautio interposita sit, quaeras. Mihi videntur Tabulae sive a Magistratu sive a Quaestore factae, inque iis et omnis locatio et eius conditiones scriptae, et inter alia et praedum praediorumque nomina, ab ipsis vero mancipibus et praedibus subscripta esse.*

[158]) Salmasius p. 738.

[159]) Rudorff Zschr. X, 122.

[160]) Dagegen Huschke Krit. Jahrb. V, 605, 606. Mommsen, Stadtr. 468.

[161]) LL. 467—469. Cf. Zimmermann p. 7.

[162]) LL. 466.

Noch andere Ansichten sind vorgebracht worden, welche wir beim jetzigen Zustande der Wissenschaft als beseitigt ansehen können. So bedarf die von Hugo, im Jahre 1809 von Savigny, und nach ihm von Zimmern, Klenze, Walter, und Anderen, aufgestellte Behauptung, die (Verbürgung und) Verpfändung seien durch *mancipatio in fiduciam* geschehen, keiner Widerlegung mehr.[163]

E. Mitwirkende Behörden.

§ 20.

a. Im Ganzen.

43. Mitwirkende Behörden sind in der Regel zwei, diejenige, welche annimmt, und diejenige, welche das Document in Empfang nimmt, niederlegt oder einträgt, *qui refert*. Zufällig können beide Amtshandlungen einem und demselben Magistrate obliegen, so im Repetunden- und im Peculatsprozess.[164] Als referirende Behörde erscheinen unter der Republik die Stadtquästoren,[165] als ordentliche Steuer- und Kassenbeamten des Staats, deren Rolle überhaupt eine mehr vermittelnde war.

44. Von dem Magistrate, welchem cavirt wird, sagt man *praedes accipere*, so im Stadtrechte, 63, *recipere*, Cic. pro Rab. Post. 13. 37; *praedes praediaque accipere*, Mal. 60. Die Veranlassung zur Cautionsleistung wird ausgedrückt mit *facere ... ut praedia dentur*, im 41. Capitel des Ackergesetzes, wo es auch

---

[163] Cf. Walter, Rechtsgeschichte, § 620, und dazu Mommsen, Stadtr. 469, n. 33.

[164] *Lex Acil.* Z. 57, und unten § 21.

[165] Ueber das Singular in dem Repetunden- und im Ackergesetz: „*is quaestor qui aerarium provinciam obtinebit*" s. Decker-Marquardt, II, 2, n. 868. Es sind immer zwei Aerarquästoren gewesen, aber zum einzelnen Geschäfte war doch nur Einer thätig. S. Dirksen, Civ. Abhandl. II, 244 ff.

vom intervenirenden Dritten gebraucht wird; ebenso im Acilischen Gesetz, *Quaestor praedes facito dei*, im Stadtrechte 63, *facere ut referatur* als Veranlassung zum Eintragen. In Strafsachen finden wir *dare cogere*, so im Decret der acht Tribunen bei Gellius (6, 19).

Dass nur öffentliche Behörden zur Annahme der Bürgen und Güter befugt sind, liegt im ganzen Wesen der Caution und in dem gesammten Zeugnisse der Quellen. Der *Magistratus Populi Romani* ist hier Stellvertreter des *Populus Romanus*.

Nur scheinbar zuwider sind die in Gaius (IV, 16, 94) und in den Vaticanischen Fragmenten (336) gebrauchten Ausdrücke, nach welchen die *praedes litis et vindiciarum* nicht wie die Sacramentsbürgen dem Prätor, sondern auf Befehl des Prätors dem Gegner gestellt worden wären, weil diesem die Sache selbst nebst Zuwachs zu erstatten war. Dies eben wird von Gaius als ein Gegensatz zu den Sacramentsbürgen hervorgehoben.

Alios autem (praedes) heisst es von diesen, *ipse praetor ab utroque accipiebat sacramenti, quod id in publicum cedebat*. Vielleicht sind gerade aus diesem Nachsatz die vorerst befremdenden Ausdrücke zu erklären, „*praedes adversario dare*" und „*a possessore petitori dabantur.*" Da der Privatvortheil des Gegners hier im Spiele war, so mochte namentlich einer späteren Zeit die Vorstellung nahe liegen, dass ihm selbst die Bürgen gestellt worden wären, aber *iussu praetoris*, während sie in Wirklichkeit dem Prätor gestellt wurden, aber für den Gegner.[166])

---

[166]) Aehnlich Muther (Sequestration 140), welcher bemerkt, dass „*praedes adversario dare*" auch bedeuten kann, „zu Gunsten des Gegners bestellen", und ausserdem die Vermuthung aufwirft, dass im Codex befindliche „*psides*" liesse sich vielleicht in „*praedes sibi et adversario*" auflösen. —

Danz, Sacraler Schutz, p. 220: „Man konnte daher füglich im Sinne des *litare*, das heisst des *solvere* aus religiösen Gründen, *ad placandos deos*, sagen: Die *Praedes*, welche dem Prätor durch

45. Im Allgemeinen lässt sich der Satz aufstellen, dass bei jedem Geschäfte, in welchem *praedibus praediisque* cavirt wird, derjenige Magistrat, zu dessen Wirkungskreis das Geschäft gehört, regelmässig auch competent ist, um die Bürgschaftsleistung anzunehmen.[167]) Also nach Umständen Consulen, Censoren, Prätoren, Aedilen, Quästoren, auch Tribunen.

Ich halte es daher für ungerechtfertigt, wenn Bachofen, Dernburg und Andere[168]) die Quästoren des Aerars als „zur Annahme vorzüglich befugt" bezeichnen. Es wird sich vielmehr ergeben, dass die Quästoren nur in einzelnen Fällen damit betraut waren: am häufigsten waren unbedingt die Censoren berufen, sich *praedibus* caviren zu lassen. — Die Stellung der späteren Vorsteher des Aerars mag allerdings eine etwas verschiedene gewesen sein. — Wichtig ist auch gegen jene falsche Ansicht, dass in den Latinischen Gemeinden nur die Duovirn die Bürgschaft annahmen, nie die Quästoren, welche doch eine unabhängigere Stellung dort hatten, als in Rom.[169])

§ 21.
b. Mitwirkende Behörden in Rom.

46. In Rom sehen wir zur Blüthezeit der *cautio praedibus praediisque* folgende Magistrate bei der Annahme der Caution thätig sein:

ihr: „*Praes sum*" für die Luition einzustehen versprachen, seien dem *petitori* gegeben, ohne damit zugleich zu sagen, sie hätten sich diesem unmittelbar auch verbindlich gemacht. Sie sind **materiell** dem *petitor* gegeben, **formell** aber wie gewöhnlich *populo*, dessen Vertreter dann dafür zu sorgen haben, dass jenes Unrecht durch Befriedigung des Klägers gesühnt werde."…

Rudorff, R.-G. II, §. 38, p. 129: Delegation des Staats…

[147]) *Quorum ad provinciam res de qua ageretur pertinebat*, sagt Zimm. p. 5 in fine, der aber hinzufügt, *plerumque a quaestoribus…*

[148]) Bachofen Pfandr. B.-L. Dernburg Pfdr. I, 30.

[149]) *L. Mal.* 60, 63.

Dem multirenden Magistrat wird für die Mult Caution geleistet, so einem Tribunen bei Gellius, 6, 19.

Dem Stadtquästor bei Peculat, in Liv. 38, 58.

Die Censoren hatten *acceptio* bei den censorischen Locationen, Cic. Flacc. 32, 80, Schol. Bob. ad. h. l. Dass dies der bei weitem häufigste und regelmässigste Fall der Sicherheitsleistung durch Bürgen und Güter war, ist bekannt.

Im Ackergesetze von 643 sehen wir, dass von den Käufern Africanischer und Corinthischer Ländereien dem Stadtprätor cavirt wurde, ebenso von den Pächtern der Nutzungen von solchen, L. agr. Z. 25, 73, 84, 100.

Demselben werden auch im Legisactionenprozess die Sacraments- und die Besitzbürgen gestellt,[170] und im Repetundenprozess die Bürgen, welche bei fehlender Zahlung der Verurtheilte zu stellen hat.[171])

Wir sind gewiss vollkommen berechtigt zu versichern, dass die Magistrate, welche anstatt der Censoren oder neben ihnen *locationes* vorgenommen haben, also nach Umständen Consuln,[172]) Prätoren, Quästoren, Aedilen ebenso zur Annahme befugt waren. So ist es auch naturgemäss, dass beim Verkauf von *ager quaestorius* gewöhnlich doch den Quästoren cavirt wurde, wie auch beim Verkauf von sonstigem Staatsgut, insofern nicht baar gezahlt wurde; ferner, dass die Sizilischen Provinzquästoren zur *acceptio* competent waren, da sie dort die Zehnten verpachteten,[173]) und dass endlich bei dem von Livius öfters erwähnten Verkauf von Gemeingut durch die Censoren, diesen cavirt wurde.[174])

47. Bekannt sind die seit Cäsar im Vorstande des Aerars

---

[170]) Gaius 4, 13. 16, 94. V. supra § 20, 44.

[171]) *Lex Acilia* v. 57. Dies erhellt aus L. 4 de iurisd. (2, 1), L. 9 de stip. praest. (46, 5). Im Repetundengesetz ist daher *quaestori* mit *condemnatus erit* zu verbinden. Cf. Rudorff ad Leg. Acil. 494 n. 1.

[172]) Cic. II, 1, 54, 142 ad fin.

[173]) Cic. de lege agr. 3, 19. Puchta Inst. I, § 68 in fin. et c.

[174]) Liv. 32, 7. 40, 51. 41, 27.

vorgekommenen Veränderungen. Die mit der Verwaltung des Gemeindevermögens verbundene Thätigkeit ging von den Quästoren auf die ihnen folgenden und eine Zeit lang mit ihnen abwechselnden *praetores ad aerarium s. aerarii, praetorii,* und schliesslich wieder *praefecti aerario* über, und wurde einerseits durch die Reduction des Aerars um ein Bedeutendes verringert, andererseits aber durch verschiedene Umstände bis zu einer Stufe erhöht, auf welcher sie sich freier und unabhängiger geltend machen konnte. Die seit Trajan dauernd bestehenden Präfecten hatten eine von derjenigen der früheren Quästoren wesentlich verschiedene Stellung; mit der Verwaltung des Aerars verband sich eine allgemeine Juridiction in allen Sachen der Volkskasse,[175] welche den Quästoren schon ihrer hauptsächlich vermittelnden Stellung halber nicht zugestanden zu haben scheint.[176] Durch das Verschwinden der Censur, durch die gänzliche Umgestaltung der alten Verhältnisse zu neuen Einrichtungen, musste auch jene vermittelnde Rolle der alten Schatzmeister bei diesen neuen Magistraten prätorischen Rangs verdrängt und ersetzt werden, was schon der veränderte und wichtiger klingende Name andeutet. Bestätigt wird noch diese höhere und allgemeinere Competenz der Aerarvorsteher dadurch, dass noch bis tief in das System der Fiscusherrschaft hinein Beamten unter ihnen standen, welche *quaestores aerarii* hiessen.[177]

So mag sich schon vor dem Schlusse des ersten Jahrhunderts nach dem Untergange der alten Staatsordnung der Schwerpunkt der *praedum acceptio* auf die Präfecten des Aerars concentrirt haben, und dieselben also diejenige Behörde geworden sein, welcher vorzugsweise *praedibus praediisque* cavirt wurde. Deutlich erhellt dies auch aus dem Umstande, dass das flavische Stadtgesetz für Malaga die Bürgschaftsleistung vor den Präfecten des Aerars als Normalfall aufstellt:

---

[175] S. unten § 31.
[176] Becker-Marquardt II, 2, 348 ff.
[177] Inschriften aus der Zeit des Hadrian, und des Sever bei Gruter 1027, 4. Gudius, Ant. Inscr. 41, 5. 125, 6. 131, 3. Becker-Marquardt.

L. Mal. 64 . . . . ut ii eare populo romano obligati obligatave essent, si apud eos qui Romae aerario praeessent, ii praedes iique cognitores facti ea praedia subdita subsignata obligatave essent. —
In den Senatsprovinzen vertraten nunmehr die Statthalter bei der Verpachtung der Vectigalien die ehemalige Rolle der Censoren.[118]) Ihnen wurde also von den Steuerpächtern Sicherheit geleistet. Uebrigens trat immermehr ein festes, stehendes Beamten- und Büreauwesen ein.

§ 22.

c. Mitwirkende Behörden in den Municipien.

48. In den Municipien erscheinen als befugt zur Annahme der Caution wegen Pachtung von Gemeindegefällen und Gemeindeleistungen nur die Duovirn.

L. Mal. 63. Qui II vir iure dicundo praeerit et cet. Die Eintragung aber haben sie nicht besorgt, sondern jedenfalls die Quästoren: „*referantur facito*" . . .
In Pozzuoli sehen wir ebenfalls die Duovirn.[119])
Befugt zur Annahme der Caution der Kassenbeamten ist nach *L. Mal. 52 is qui comitia habet.* Dieser wahlleitende Beamte ist aber sowohl für die Duovirn-, als auch für die Quästorenwahl durchgängig der ältere Duovir.
R. De Comitiis habendis.
LII. Ex II viris qui nunc sunt, item ex iis qui deinceps in eo municipio II viri erunt, uter maior natu erit aut si ei causa quae inciderit quominus comitia habere possit, tum alter ex his comitia II viris item aedilibus item quaestoribus rogandis subrogandis hac lege habeto, cet . . . .

---

[118]) Becker-Marquardt, III, 2, p. 227.

[119]) *Duovirum arbitratu* . . . cf. *supra* § 14, und *infra* § 23; 49.

F. Sufficienz.

§ 23.

49. Die Sufficienz der Caution wird ausgedrückt durch *satis subsignare*, *L. agr.* 73, 84; *L. Puteol.*, und durch *recte cavere*, welches vielleicht einen etwas weiteren Sinn hat, *Mal.* 60. Gegensatz ist *minus cautum*, *Mal.* 60, und *non cautum*, *Cic. Verr. II.* 1, 54, „*et si non putas cautum, scilicet tu praetor et c* ....". Das hier angedeutete Ermessen über die Sufficienz wird in *L. Acil.* 57 ausgedrückt durch *quanti ii censuerunt*, und durch *arbitratus* oder *arbitrium* in *L. Puteol.*, im Ackergesetze, 45, 73, 84, im Stadtgesetze, 60, und bei Gellius (6, 19).

Die Sufficienz beurtheilt in der Regel derjenige Magistrat, welchem die Bürgen gestellt werden. So gehen immer drei Atribute parallel. Die Competenz zum Hauptgeschäft begründet die Befugniss zur Annahme der Sicherheitsleistung, und die Sufficienz liegt im Ermessen des Annehmenden.

So sehen wir im Ackergesetze (45, 73, 84) den *arbitratus* des Stadtprätors massgebend, in der 2. Verrine (1, 54, 142) denjenigen des Prätors, welcher an die Stelle der verdingenden Consuln getreten ist;[1**] in Gellius (6, 19) sieht man den Tribunen C. Minucius Augurinus *praedes poscere, dare cogere*, und ihm den *arbitratus* zustehn, — „*collegae arbitratu*" sagen die intercedirenden Volkstribunen.

Im Puteolanischen Bauvertrage steht die Sufficienzbeurtheilung den Duumvirn zu, die auch das Werk abzunehmen haben, wozu man ihnen aber noch zwanzig Rathsherren beigiebt; in

---

[1**]) Hier gerade tritt das Zusammenfallen von *Arbitratus* und *Acceptio* recht deutlich hervor. *Praedibus et praediis populo cautum est. et si non putas cautum, scilicet tu praetor in uen bona quos voles, immittes* u. s. w.

der *Lex Malacitana* bei der Wahl der Kassenbeamten dem älteren Duovir: *arbitratu eius qui ea comitia habebit*, Mal. 60.

Im Repetundengesetze wird das Ermessen des Stadtquästors potenzirt durch dasjenige der Mehrzahl der Geschworenen.[161])

50. Der Magistrat war ohne Zweifel in seinem Ermessen nicht unbeschränkt frei, gewisse hergebrachte Rücksichten und gesetzliche Bestimmungen, gewisse administrative Grundsätze mehr oder minder positiver Natur haben seine Willkür gebunden. Vorerst musste er sich wohl an die oben angegebenen Requisite in den anzunehmenden Bürgen und Gütern halten, wiewohl nirgends feststeht, in welchem Verhältniss das *arbitrium* zur *solutio*, oder zur Grundsässigkeit u. s. w. des Bürgen gestanden haben mag. Ausserdem aber sind uns einzelne freilich sehr verwischte Spuren erhalten worden, welche uns über die Praxis spärlichen Aufschluss verschaffen.[162]) So scheint ein vom Vater ererbtes Grundstück *(patritum)* höher geschätzt worden zu sein, als ein neu erworbenes, was sowohl damit in Verbindung stehen kann, dass es als Theil des vom Vater ererbten Vermögens im Falle von Prodigalität unter einen Curator kommt,[163]) — als auch auf ganz allgemeine Rücksichten, auf einen festeren Eigenthumszustand überhaupt zurückgeführt werden darf.[164]) Ob aber ein Besitzstand von zwei Generationen erforderlich war, muss aus inneren Gründen bezweifelt werden. Auf den höheren

---

[161]) *L. Acil. Z. 57.* „De consili maioris partis sententia quantam eis censuerint.

[162]) Wie Bachofen dazu kommt, in den Zeilen 45, 47, 73 des Ackergesetzes „besondere sehr ausführliche Bestimmungen" über Prüfung der Sufficiens zu entdecken, ist räthselhaft. Ausgew. Lehren p. 356.

[163]) Huschke, krit. Jahrb.

V, 594, 595. Paul. R. S. III, 4a, § 7... „Quando tibi bona paterna avitaque nequitia tua disperdis, liberosque tuos ad egestatem perducis", u. s. w.

Cic. III *De lege agr.* 2, 7, 8. *Ut quae optimo iure privata sint. Etiamne meliore quam paterna et avita? Meliore, et c.*

[164]) Rudorff, Gromat. Inst. II, 379.

Werth eines väterlichen Guts lässt sich mit Recht aus Z. 27, 28 des Ackergesetzes schliessen, welche also lauten:[183]

Qui ager ex privato in publicum commutatus est, quive ager ex] publico in privatum commutatus est: de eo agro siremps lex esto, quam si is ager P. Mucio L. [Calpurnio Consulibus publicus populi romani privatusve ita uti qui optima lege privatus est, fuisset. Qui ager ita ex publico in privatum commutatus erit, quanti agri patriti nunc qui fruendum conduxerunt publicum L. Caecilio Cn. Dom]itio Cens(oribus) redemptum habent, censoribus, quicumque posthac facti erunt, ii faci[unto, qui posthac publica conducere] volent, tantidem pro patrito redemptum habeant pro praede subsignent.

Das heisst: das *praedium pro patrito redemptum* wird in der Verpfändung dem *patritum* gleichgestellt, was nichts bedeuten würde, wenn die Eigenschaft als *patritum* nicht eine ausgezeichnete und bevorzugte wäre.[186]

Einen andern Grundsatz des Realcredits hat man aus einer Angabe des Tacitus, *Annal. 6, 17,* ziehen zu dürfen geglaubt, woraus erhellt, dass der Staat an Private gegen Caution für das Doppelte Darlehen gemacht hat. Allein aus dem ganzen Zusammenhang der Erzählung,[187] wie aus der Zinslosigkeit, ergiebt sich, dass dies nur ein Ausnahmefall war, der keine Verallgemeinerung zulässt.[188]

51. Auf die Zahl der Bürgen und auf Beschaffenheit und Werth der Güter musste der Magistrat, welcher sie annahm, ganz natürlich sein Augenmerk richten.

Wir finden nirgends eine bestimmte Zahl angegeben, wohl

---

[185] Ganz anders restituirt auch hier Mommsen, im *Corpus Inscriptionum*. S. 81.

[186] Huschke l. l. — Mommsen l. l. p. 470, n. 37. Vgl. *Corpus Inscript.* l. l. — Dernburg (Pfdr. p. 31, n. 21) sieht in Z. 27—28 blos den Sinn, „dass der bisherige *ager publicus* so behandelt werden soll, wie wenn er von jeher *privatus* gewesen wäre."

[187] v. *supra* § 9, n. 83.

[188] Mommsen, p. 470, n. 35, hält dies entschieden für eine Ausnahmemassregel.

aber fast immer *praedes*, im Plural, — hie und da auch *praes*, Singular.[119]) Mehrere Bürgen heissen in Beziehung auf Einander *compraedes*.[120])

Zur Beurtheilung der Güter[121]) wurden Sachverständige zugezogen, welche im Stadtrechte *cognitores* genannt werden, und für die Wahrheit ihres Spruchs wie die Bürgen selbst hafteten.[122])

Im Gebiete der *fideiussio* finden wir ähnliche Sachverständige, welche *arbitri* genannt werden, *arbitri ad fideiussores probandos*, L. 9, L. 10 pr. *Qui satisdare* (2, 8), L. 2 *a quibus appellare* (49, 2). Sie beurtheilen die Tüchtigkeit der Bürgen: unsere Sachverständigen aber sind *cognitores praediorum*.

Ohne Zweifel war ihre Aussage dem Ermessen des Magistrats immer untergeordnet. Es war eine blosse Beihilfe zur Aufklärung des obrigkeitlichen Urtheils. Daher haften sie nur für die Wahrheit ihrer Aussage: *si quid eorum, in quae cognitores facti erunt, ita non erit*, Mal. 64.

Zu vergleichen sind mit den Cognitoren noch die *affirmatores* bei Vormündern, in L. 4 § 2 *de fideiussor. et nomin.* (27, 7), L. 13 pr. *de minoribus* (4, 4) u. s. w.

52. Eine spezielle Verantwortlichkeit des Magistrats für sein Ermessen lässt sich nur im besondern Fall der cautionspflichtigen Kassenbeamten in den Stadtgemeinden nachweisen. Der wahlleitende Beamte haftet selber der Gemeinde für den erwachsenden Schaden, was mit dem ganzen Wesen der Caution, *rem publicam salvam fore*, in Verbindung steht.[123])

---

[119]) *L. agr.* 73. Plaut. *Menechm.* 4, 2, 28. *Quid ille? quid? praedes dedit!*

[120]) Festus, *hoc* V°.

[121]) Nicht auch der Bürgen, *Mal.* 63, 64. Mommsen, p. 477. Zimmermann 7. Dernburg 33. Rudorff hatte schon vor Auffindung des Stadtrechts das Vorhandensein dieser Sachverständigen errathen, Zschr. X, 122.

[122]) cf. *infra* § 25.

[123]) cf. *supra* § 16, n. 123. C. Theod. 12, 5, 1; 6, 8, 20. L. 2 § 3, L. 11 § 1, L. 15 § 1, L. 17 § pen. § ult., L. 24 *Ad Municipalem* (50, 1); L. 1 C. *de periculo nominatorum* (11, 33), L. 3 C. *quo quisque ordine* (11, 35) — Dernburg krit. Zschr. l. l. p. 79, Mommsen, 423, 424, n. 94.

CAPITEL III.

Rechtswirkungen der geleisteten Caution.

A. Rechtsstellung des Bürgen.

§ 24.

53. Der *Praes* haftete ursprünglich mit seiner gesammten Persönlichkeit; nach ausgebildeter Rechtsanschauung aber haftet er, wie der Privatschuldner, mit seinem ganzen Vermögen, wie es sich zur Zeit der Execution vorfindet, sodann eventuell, aber wohl meistens, mit einzelnen verpfändeten Vermögensstücken.

Er ist verhaftet kraft des Vorbalcontracts durch welchen er sich verbürgt hat, und für die Erfüllung der Leistung, zu welcher sich der Hauptschuldner verpflichtet hat, dem Character der Bürgschaft als Vermehrung der Schuldner gemäss. So sagt auch Festus:

Manceps . . . . quia tam debet praestare populo quod promisit quam is qui pro eo praes factus est . . . .

Diesen Zustand der Verhaftung drückt Festus aus mit dem für alle Stadien der Caution passenden Ausdruck *obligare.*

Praes est is qui populo se obligat . . . .

Das Ackergesetz verordnet beim Scheinkauf, Z. 45:

[Neve quis praes ab eo datus ob eam] rem quod praes factus est, populo obligatus esto.

Und unter der 64. Rubrik, *De obligatione praedum praediorum cognitorumque*, spricht auch das Stadtgesetz für Malaga von *praedes obligati* und *cognitores obligati*.

Der Gegensatz zur Verhaftung, also die Freiheit, wird ausgedrückt durch *solutus*, Z. 45, 100 *l. agr.*, R. 64 *Mal.*

Obligare hat in der classischen Zeit der *Cautio praedibus praediisque* nur noch die ganz allgemeine Bedeutung des Verpflichtens zu einem Thun oder Lassen. Denn die Bedeutung des zu Pfand Verbindens passt nur auf Sachen.[104] So und nicht anders ist nunmehr der *praes* dem Staate durch den Verbalcontract der Verbürgung verpflichtet; sein Vermögen ist nicht anders verhaftet, als den ganz allgemeinen Prinzipien gemäss, wonach die Güter des Schuldners seinen Gläubigern zur Befriedigung dienen. So ist auch der *fideiussor obligatus*.[105]

54. Aus dieser vollkommen normalen Verhaftung aber hat man, verleitet durch eine Stelle im falschen Asconius und durch die ursprüngliche Verhaftung der Person, eine engere Verpflichtung des Vermögens machen wollen, und den auf solche Weise verhafteten Gütern den unrömischen Namen *bona praedia*, Gen. *bonorum praediorum*, Dat. *bonis praedibus* gegeben.

Cicero sagt in *Verr.* II, 1, 54, 142:

Ubi illa consuetudo in bonis, praedibus praediisque vendundis, et c....[106]

Dazu der falsche Asconius:[107]

„*Bona praedia dicuntur bona satisdationibus obnoxia, sive sint in mancipiis sive in pecunia numerata: praedia vero domus, agri. Haec omnia venduntur, si rationi publicae locator sartorum tectorum non responderit. Ad hoc autem haec omnia sunt obnoxia, ut pro sua voluntate agat redemtor operis, quidquid suo periculo facit.*"

Und weiter: „*Bona praedia sunt res ipsae, praedes*

---

[104] Keller Pand. § 190, n. 3.

[105] L. 4 § 1, L. 5, L. 6 pr. § 1, L. 8 § 7 so. de *fideiussor.* *et mandator.* (46, 1) — cf. tit. C. de *fideiussor* (8, 41) *passim.*

[106] v. *infra*.

[107] Balter, II, p. 196.

homines id est fideiussores, quorum res, bonapraedia uno nomine dicuntur."

Dieses Zeugniss des Scholiasten haben nach Heyne [198]) Huschke [199]) und Bachofen, [200]) denen mehrere Andere gefolgt sind, [201]) angenommen, und nennen die Güter des *praes bona praedia*. Es ist aber jetzt unbezweifelt, dass der Scholiast selbst Cicero missverstanden hat, indem er *bonis praedibus* für zusammengehörig hielt, während *bonis, praedibus praediisque* gelesen werden muss, wie auch die neueren Ausgaben des Cicero haben. [202])

Huschke und Bachofen stellen die *praedia* als subsignirte Vermögensstücke den *bona praedia* entgegen, welche das ganze Vermögen bezeichnen sollen. Ihre Ansichten weichen aber darin von einander wesentlich ab, dass Huschke das ganze Vermögen nur für im Allgemeinen enger verhaftet hält, während Bachofen glaubt, die *bona praedia* seien dem Staate verpfändet gewesen; er betrachtet das gesammte Vermögen des Bürgen als verpfändet, und zwar so, dass Alles, was dieser im Augenblicke der Uebernahme der Schuld hatte, und Alles, was er später erwarb, jedem nachherigen Erwerber hätte vindicirt werden können. [203]) Das ist nach Bachofen eben dieselbe *obligatio bonorum*, welche hernach dem Fiscus als Generalhypothek zugestanden hat. [204]) Zu dieser Ansicht kommt Bachofen dadurch, dass er die Bezeichnung *obligatus*, wo sie vom Staatsschuldner gebraucht wird, auf dessen Vermögen be-

---

[198]) S. 14. Heyne fasste *bona* als Eigenschaftswort auf, und erklärte *bona praedia* als *praedia quae idonea sunt ad carendum*.
[199]) An den angeführten Orten, Zschr. u. s. w.
[200]) Pfandrecht a. a. O.
[201]) So Rein. So auch Burchardi, der aber die *praedia* wieder *bona praedia* nennt, Privatrecht II, p. 680 (§ 210).
[202]) So Nobbe, 1850. S. Rudorff, R. G. II, § 93, Anm. 15. Dernburg, Pfd. p. 44. Am ausführlichsten ist Zimmermann 32, 33.
[203]) D. p. 223.
[204]) Bachofen Pfdr. p. 259.

zieht, und dabei nur die potenzirte Bedeutung von „Verpfänden" berücksichtigt.²⁰⁵)

Noch eine eigenthümliche Auffassung Bachofens ist, dass nach ihm der Bürge nicht zur Erfüllung der vom Hauptschuldner geschuldeten Leistung verbunden ist, sondern dem Volke Gewalt eingeräumt hat über seine Person ohne ihm zu irgend Etwas verpflichtet zu sein! „Der *Praes* selbst ist zu keiner Leistung verpflichtet, er ist aber mit seiner Person für eine fremde Leistung verhaftet..."²⁰⁶) Das deducirt Bachofen aus dem „*se obligat*" im Festus, — wieder eine Folge der unrichtigen Interpretation dieses Wortes. Freilich ist der Bürge eines Bauunternehmers nicht verpflichtet zu bauen, sondern zur Entschädigung des Staats im Falle nichtcontractmässigen Baus, das heisst hier zur Zahlung der neuen Verdingungssumme an den vom Staate auf ihn angewiesenen zweiten Unternehmer;²⁰⁷) ebenso wird der *praes*, welcher sich verbürgt hat, *pecuniam communem salvam fore*, nicht zum städtischen Beamten! Allein überall, wo eine Summe Geldes als Schuld erscheint, Kaufpreis vom Staate, Pachtpreis von Vectigalien, geliehenes Geld u. s. w., ist der Bürge verpflichtet, diese Summe zu zahlen, wie der Hauptschuldner. — Uebrigens ist diese Bachofensche Ansicht nichts weniger als klar und concret ausgeführt. Sie läuft dem Wesen der Verbürgung im römischen Recht direct zuwider. Allerdings erblickt ihr Urheber darin einen wesentlichen Unterschied von den Correalbürgen.²⁰⁸)

---

²⁰⁵) cf. *supra* § 8, et *infra* § 30.

²⁰⁶) Pfandr. 221, 222. Nexum p. 89.

²⁰⁷) Cic. Verr. 1. 1. Hier muss D. Brutus als *praes* die unverhältnissmässig grosse Locationssumme auszahlen.

²⁰⁸) In den Indischen Rechtsbüchern findet man bekanntlich neben Erscheinungs- und Zahlungsbürgen auch Bürgen für Zutrauen, welche dem ungefähr entsprechen, was sich Bachofen als das Wesen der Verpflichtung der *Praedes* denkt. So im Yajnawalkya, Stenzler II, 53, 54, und im Rechtsbuche der Gentoos (Raspe, s. 147).

B. Rechtsstellung der Sachverständigen.

§ 25.

55. Nach *Mal.* 63 und 64 ist die Obligation der *cognitores* derjenigen der *praedes* vollständig gleich.[209]) Von Verpfändung von Gütern ihrerseits ist natürlich nicht die Rede.

C. Rechtsstellung des Hauptschuldners.

§ 26.

56. Dass die Verpflichtung des Hauptschuldners nicht qualitativ verschieden sein kann von der des *praes*, ist nothwendige Folge sowohl vom Wesen der Bürgschaft als von der publizistischen Obligation. Hier wie sonst kann man vom Bürgen und vom Hauptschuldner sagen: *eadem obligatione tenentur.*[210])

Positiv bezeugt wird dies noch zum Ueberfluss durch Festus in der schon angezogenen Stelle:

Manceps: qui quid a populo emit conducitve, quia manu sublata significat se auctorem emptionis esse, qui idem praes dicitur, quia tam debet praestare populo quod promisit, quam is qui pro eo praes factus est.[211])

---

[209]) cf. Mommsen Stadtrechte p. 478.

[210]) L. 1 § 8 *de O. et A.* (44, 7) cf. *supra* § 4, 12, 13 ; § 7.

[211]) Vielleicht lässt sich auch hieraus das immerhin auffallende *Idem praes* im Bauvertrage von Pozzuoli erklären. Salmasius schon sagt p. 741: *Praes autem non is tantum qui pro mancipe fideiubebat dictus, sed ipse manceps qui quid a populo conducebat.* cf. p. 684. — Bachofen, p. 223, will auch den Begriff der *bona praedia* auf das Vermögen des *manceps* ausdehnen. Dernburg p. 27, sagt viel zu viel, wenn er äussert, „dass nicht selten der *manceps* auch *praes* genannt wird, — wie sich unter Anderm aus der *Lex Puteolana* ergiebt." Cf. Zimmermann p. 9. So viel wir wissen, lässt sich kein zweites Beispiel davon anführen!

Rechtsstellung des Hauptschuldners § 26.

Wie die Bezeichnung *praes* auf den *manceps* passt, so auch der Gegensatz zu *obligatus*, *solutus*, so im Ackergesetz Z. 45, 100.[212])

Mommsen[213]) stützt sich auf das *idem praes* in Festus und im Puteolanischen Baudocument um seine eigenthümliche Theorie von der Haftung oder richtiger von der Nichthaftung des Hauptschuldners zu begründen. Nach ihm wird nicht der Hauptschuldner, sondern immer unmittelbar der Bürge belangt, „ja es geht dies so weit, dass sogar der Hauptschuldner, wenn er will und der Magistrat ihn zulässt, selber als *praes* haften kann." Und Mommsen fügt in einer Anmerkung hinzu, „wenn er, C. Blossius, bezeichnet wird als „zugleich *praes*", so kann das nur besagen, dass er für den Fall, wo wegen nicht gehörig ausgeführten Baues die Gemeinde sich an die *praedes* hält, mithaftungspflichtig sein wollte. Als Hauptschuldner war er demnach nicht haftungspflichtig, oder haftete er vielmehr wohl *ex locato conducto*, aber nicht in derjenigen Strenge, die für die *praedes* galt."

Dass damit das Wesen der publizistischen Verpflichtung ganz verkannt wird, braucht wohl nicht bewiesen zu werden. Denn eben weil er mit dem Staate contrahirt, ist der *Manceps* für seine Verbindlichkeit *ex conducto* publizistisch obligirt, und dem unmittelbaren Executionsrechte des Staats verfallen. Auch ist kein Grund vorhanden, eine Abweichung von den allgemeinen Grundsätzen der Verbürgung hier anzunehmen.[214]) Die

---

[212]) Philoxen und Hesychius nennen den Hauptschuldner sowohl als den Bürgen, *praediatus*, ein Wort, welches bei den älteren Schriftstellern in diesem Sinne nie vorkommt, sondern nur „begütert" bedeutet. Philoxen: *Praediatus ὑπέρ φόρου δήμῳ ἐνδεδεμένος, pro vectigali vel tributo obligatus populo*. Hesychius: Ὑποδέσμιος ἢ ὑποδήμιος, ὁ ὑποτιθείς. Cf. Turnebus, Adv. 20, 30 — Labbaeus in *Praefatione ad Glossarium Philox.*, Graevius p. 8.

[213]) Mommsen, Stadtrechte 471.

[214]) Der Umstand, dass Gaius 3, 126 a. die *sponsores*, *fidepromissores*, *fideiussores* behandelt,

Beispiele, welche Mommsen für seine Behauptung anführt, sind vollends unstichhaltig. Im Repetunden- und im Peculatsprozess hat die Stellung von Bürgen mit nichten zur Folge, den Verurtheilten frei zu machen, sondern vielmehr die Execution abzuwehren.[213]) Und die Stelle bei Gaius (IV, 16, 94) scheint auch nicht geeignet, Mommsen's Ansicht zu bestärken. Was aber Mommsen's Täuschung hervorbringen und gewissermassen befördern konnte, wird unten (§ 32, 68) dargethan werden.

D. Rechtszustand der subsignirten Grundstücke.

§ 27.

a. Im Allgemeinen.

57. Die verschiedensten Ansichten sind hier geäussert worden, sowohl hinsichtlich der subsignirten Grundstücke selber, als hinsichtlich der Natur des Rechts, welches dem Staate auf diese Güter zustand.

Was Ersteres betrifft, so hat man von Alters her angenommen, dass der *Manceps* Bürgen und Pfänder stellte, und *praedia praedesque* wurde paraphrasirt mit *pignora et fideiussores*.[216])

---

und der *praedes* nicht erwähnt, darf füglich nicht stören. cf. Mommsen, Stadtrechte p. 468. Vgl. L. 8 § 7 sa. L. 16 § 1, 2, de *fideiussor. et mandat.* (46, 1).
[215]) *L. Acil.* v. 57. Cic. *Rab. Post.* 4, 8. 13, 37. Liv. 38, 58. Gell. 6, 19.
Gegen Mommsen sprechen im Allgemeinen ganz entschieden die angezogene Stelle im Festus, im Ackergesetze die Z. 45, 100.

— Vgl. zum Ueberfluss noch Cic. *Phil.* 2, 29, 73: *Et ad te et ad praedes tuos milites misit*, u. s. w.
[216]) Gracvius p. 8: *Qui publicum emebant opusve conducebant, dabant praedes, fideiussores, et praedia, hoc est pignora, res soli.* — cf. Heyne 14, 15. Saumaise p. 684: *Mancipes et publicani qui aliquid a publico conducebant ac redimebant, non so-*

Es ist dies eine natürliche Folge der publizistischen Obligation und der nach dem oben[211]) geschilderten Fortgange ausgebildeten Haftung des *Manceps*, dass er, nach Ermessen des Magistrats, vor welchem er sich verpflichtet, eventuell *praedia* subsigniren muss.

Wie der *manceps*, so der *praes*. Denn beide sind gleich verhaftet, und das Bedürfniss, aus welchem die Subsignation entstanden ist, hat sich bei beiden gleich geltend gemacht. Ja, es lässt sich juristisch gar nicht denken, dass hierin ein theoretischer Unterschied zwischen den beiden publizistisch Obligirten gemacht worden sei.

Dafür sprechen auch die Quellen.

Cic. Verr. II, 1, 55, 144. *Bruti, cuius praedia suberant, periculum.*[218])

Schol. Bob. II, 241. *Et subsignandi haec solebat esse causa, ut aut qui vectigalia redimeret, aut qui pro mancipe vectigalium fidem suam interponeret, loco pignoris praedia sua rei publicae obligaret, quoad omnem pecuniam redemtores vectigalium repensarent.*

In Beziehung auf den *manceps* und auf den Bürgen, auch

Varro V, 40: *Praedia dicta, item ut praedes, a praestando, quod ea pignore data publice mancupis fidem praestent.*

Wo beides erwähnt wird, ist oft zwischen *praedes dare* und *praedia subsignare* ein vollständiger Parallelismus. So in der *Lex Puteolana*,[219]) im Ackergesetz, Z. 84,[220]) und im Stadtrechte von Malaga. Der 60. Abschnitt ist hierin so ausdrücklich und positiv, dass Mommsen sich genöthigt sieht, für

---

lum praedes, id est *fideiussores* sed etiam *praedia, hoc est hypothecas et pignora soli dabant.*

[217]) *supra* § 8.

[218]) Die Lesart, *cujus praedia subierant periculum* würde auch eben dasselbe beweisen, ist aber

als abgeschmackt und unciceronianisch entschieden zu verwerfen. Man kann sich nur wundern, dass sie z. B. noch Nobbe aufgenommen hat.

[219]) S. § 14, 34.

[220]) S. § 13, 31.

den Fall der Sicherheitsleistung der Kassenbeamten eine eventuelle Verpfändung seitens des Hauptschuldners anzunehmen, — während er sonst ganz quellenwidrig nur von seiten des Bürgen Subsignation von *praedia* eintreten lässt. Dies hängt zusammen mit Mommsen's Ansicht von der Befreiung des Hauptschuldners.[231])

58. Die sehr von einander abweichenden Meinungen über die Natur des Rechts, welches dem Staate auf die subsignirten Güter zusteht, lassen sich auf drei Hauptgruppen zurückführen, indem nach Einigen der Staat E g e n t h ü m e r der *praedia subsignata* wird, nach Andern aber P f a n d g l ä u b i g e r, — während sie ihm nach einer dritten Theorie nicht oder kaum strenger haften sollen, als das übrige Vermögen. Beide letzteren Systeme sind übrigens nichts weniger als schroff geschieden. Denn mehrere von den Schriftstellern, welche dem Letzteren huldigen, nehmen doch ein gewisses vages Pfandrecht an, das jedenfalls dem wirklichen Pfandrechte sehr ähnlich sieht. Da sich indessen, dem eigenthümlichen Modus der Execution zufolge, practische Folgerungen nicht wohl ziehen lassen, so ist die ganze Frage ziemlich unwesentlich, und werden wir auch die verschiedenen Systeme nur so kurz als möglich prüfen.

§ 28.

b. System der Fiducia.

59. Bei weitem die meisten Schriftsteller sind oder waren der Ansicht, dass die subsignirten Grundstücke dem Staate *sub pacto fiduciae* mancipirt waren, dass diesem also bis zur Erfüllung der Leistung das quiritarische Eigenthum über dieselben

---

[231]) S. Stadtrechte 477 u. 471. M o m m s e n stützt sich auf L. 5 § 10 *De iure immunitatis*, welche von der Generalhypothek des Fiscus handelt, und mit unserer Frage in keiner unmittelbaren Verbindung steht. *Facultates* hat nie „Grundstücke" bedeutet.

zustand. So Hugo,[222]) Savigny,[223]) Zimmern,[224]) Burchardi,[225]) Klenze,[226]) und neuerdings noch Walter[227]) und Stintzing.[228])

Diese Ansicht ist an und für sich logisch, und namentlich dann verlockend, wenn man, wie z. B. Burchardi, annimmt, dass die *fiducia* darin nur Vorläuferin der Hypothek gewesen sei. Allein sie entbehrt jeder quellenmässigen Begründung; vielmehr sind ihr die Zeugnisse der Quellen positiv zuwider.

Der Staat wird nie als Eigenthümer erwähnt. Dagegen sehen wir den Verpfänder, — er sei Bürge oder Hauptschuldner — fortwährend als Eigenthümer fortwirken. Dies sagt auch so bestimmt als möglich Pomponius in der L. 205 *de R. J.* (50, 17).

Plerumque fit, ut etiam ea, quae nobis abire possint, proinde in eo statu sint, atque si non essent eius conditionis, ut abire possent; et ideo, quod fisco obligamus, et vindicare interdum, et alienare, et servitutem in praedio imponere possumus.

Dass hier *fiscus* für *aerarium* interpolirt ist, kann man wohl ohne Schwierigkeit annehmen, um so mehr, da die Stelle aus dem Commentar zu Quintus Mucius excerpirt ist.[229])

Wenn der Staat voller Eigenthümer der *praedia* wäre, so würde sich das „*manceps praedia praedesque soluti*" nicht wohl erklären lassen.[230]) Ebenso wenig liesse es sich denken, dass

---

[222]) Hugo, Rechtsgeschichte, S. 449 der 9. Auflage.

[223]) Savigny, in den Heidelberger Jahrbüchern, 1809. S. 258.

[224]) Zimmern und Neustetel, Römisch rechtliche Untersuchungen. S. 292.

[225]) Burchardi, Röm. Privatrecht § 210 (II, 580, 581).

[226]) In der Zschr. für gesch. R.W. VIII, 360, behandelt Klenze die Sache äusserst kurz, aber so falsch wie möglich.

[227]) Walter, RRG. 620.

[228]) Stintzing, *Bona fides* p. 23, Anm.

[229]) cf. auch Gai. II, 61, *dominus*. *Interdum* in L. 205 l. hat hier den Sinn von *interea*. cf. l. 16 § 1 *de receptis* (4, 8). Dernburg, Pfandrecht, p. 33.

[230]) Ackergesetz, Z. 45, 100. — Und das beständige *obligare*, u. s. w. auch nicht.

im Falle einer *mancipatio in fiduciam* doch immer nur von *subsignatio* die Rede sein könnte. Wie wäre dies mit der Natur der Pfandbestellung durch *fiducia* zu vereinigen, bei welcher das volle Eigenthum in civiler Form auf den Gläubiger übertragen wurde?

§ 29.
c. System des Nachweises.

(60). Ich weiss kaum, ob dies „System des Nachweises" überhaupt ein System genannt werden darf. Denn die mehrsten Schriftsteller, welche wir unter dieser Bezeichnung zusammenstellen, sind hierin so unbestimmt, dass man fast darauf verzichten möchte, ihre Ansicht juristisch zu construiren.

Am logischsten ist Bachofen. Da er die gesammten Güter des *praes* als dem Staat verpfändet betrachtet, so können auch die *praedia subsignata* nicht anders als verpfändet sein, was ganz richtig ist, und wofür er in den Quellen Beweise genug findet. Deshalb betrachtet er die Subsignation als einen blossen Nachweis der wichtigsten Vermögensstücke. Dass aber Bachofen's Grundanschauung zu verwerfen ist, haben wir bereits gezeigt.[331]

Für diejenigen Schriftsteller, welche, wie Huschke, Mommsen, Zimmermann, das Vermögen des Bürgen nur insofern haften lassen,[232] als es zur Executionszeit vorhanden ist, findet sich freilich die Annahme der Subsignation als Nachweis mit ganz anderen Schwierigkeiten verbunden, und es lässt sich das Schwanken, welches auch Dernburg bei ihnen bemerkt hat, gar leicht erklären.

Mommsen scheint *praedes dare* und *praedia subsignare* für gleichbedeutend zu halten; er sagt, die Grundstücke der Bürgen sollen bei der Verbürgung dem Beamten ausdrücklich

---

[331] S. § 24, 54.
[232] Mit Nuancen, so bei Huschke die *bona praedia*, s. oben § 24.

declarirt werden, dabei sieht er „das Recht der Hypothek" in der Subsignation enthalten, und spricht von „Bürgen und Pfändern."[233])

Huschke[234]) nennt bekanntlich noch das ganze Vermögen des Bürgen *bona praedia*. Damit nun das Aerar gesichert wäre, dass die *bona praedia* auch wirklich zur Befriedigung hinreichten, musste nach Huschke der *praes* „werthvolle unvergängliche Sachen seines Vermögens, die, wie er selbst, auf civilrechtliche Weise dem Römischen Staatswesen angehörten, d. h. hauptsächlich in seinem quiritarischen Eigenthum stehende Grundstücke, aber auch Perlen, in einer von ihm unterschriebenen Urkunde nachweisen, — in ähnlicher Art wie später bei Verpfändung des ganzen Vermögens einige Sachen daraus als Spezialpfänder ausgezeichnet zu werden pflegten. Diese von der *obligatio praedis* auch mitergriffenen *praedia* wurden durch jene Subsignation vom übrigen Vermögen ausgeschieden, einer Art von Pfandrecht unterworfen, welches auch bei Veräusserungen auf ihnen haften blieb, aber auf dem Aerar aus den öffentlichen Büchern ersehen werden konnte."

Vollkommener und schärfer ist aber Huschke's Meinung entwickelt in dem Aufsatze über die *usucapio pro herede* und die Usureceptionen in der Zeitschrift für geschichtliche Rechtswissenschaft (XIV, 269, 270). „Damit aber der Staat hinsichtlich der *bona praedia* auch gesichert wäre, es mit hinlänglich begüterten Leuten zu thun zu haben, musste *manceps* und ebenso auch jeder *praes* unvergängliche werthvolle Sachen, gewöhnlich Grundstücke, in einer von ihm zu unterschreibenden Urkunde dem Aerar nachweisen, *praedia obligare, subsignare*. Hierin lag nicht etwa eine besondere Verpfändung dieser Sachen im Sinne des gewöhnlichen späteren Pfand- und Hypothekenrechts, sondern diese *obligatio praediorum* war nur die zugleich das Vermögen ergreifende Obligation des *manceps* oder *praes* selbst, mit besonderer Hervorhebung der bezeichneten Sachen;

---

[233]) Mommsen, Stadtr. 469, 471, u. s. w.

[234]) Huschke in den krit. Jahrb. V, 805. (1841.)

der Staat hatte also auch blos das Recht, diese Obligation geltend zu machen, die, wie jede, gegen die *familia*, d. h. die Person — hier nur zusammen mit dem Vermögen, ging; und nur darin verlieh ihm die Hervorhebung der subsignirten Sachen eine eigenthümliche Art der Geltendmachung dieses Rechts, dass, während sonst nur der Verkauf der *familia pecuniaque* im Ganzen (*sectio bonorum*) gestattet war, er sich nun an diese einzelnen Sachen besonders halten, das heisst: sie allein verkaufen konnte, vielleicht auch, wenn sie hinreichten, es musste, und zum Wenigsten aus Schonung gegen den Schuldner, es gewöhnlich that."

Interessant, aber auch unbestimmt, ist Zimmermann's Theorie:[236])

„*Reliquum est quid de praediis subsignatis statutum fuerit, in quibus populo ius pignoris extitisse videri possit. Quod si rerum esset, quamvis inferiorum aetatum scriptores, rerum pristinarum memoria expulsa, praedia pignoris loco opposita esse narrant, nonne mirari deberemus, quod in scriptis et legibus eius temporis, quo praedes maxime florerent, praedia numquam sive pignori sive in hypothecam sive in fiduciam dari legimus, sed semper tantum subsignari, obligari, fidem mancipis praestare dicantur. Multo igitur probabilius est, in praediis subsignandis non certi iuris civilis instituti similitudinem spectatam esse, sed omni doctrina remota, pro rei necessitate generali praedis obstrictioni id adiectum, quo populo magis caveretur, ea adempta esse, quae periculum praeberent. Itaque vetabantur fortasse praedes, praedia illa e bonis eorum designata vendere, sive servitutibus onerare, quibus minoris pretii fierent, et alia huiusmodi; nam singula explorare non licet. Quare nec in ipsa executione principio inter praedia subsignata ceteraque bona distinctum esse puto, sed universa bona, pro generali praedis obstrictione pariter populo obnoxia erant.... Ac multo demum postea,*

---

[236]) Diss. p. 20, 21.

quum praedes iam in desuetudinem venire coepissent, et specialis executio moribus et temporibus magis convenirct, fortasse singula praedia tenebantur..."

So ist man doch genöthigt, eine „Art von Pfandrecht" anzunehmen, wie Huschke, ein *ius in re*, wie Mommsen, eine graduelle Verpfändung und zwischen Hypothek und Subsignation „grosse Aehnlichkeit" wie Zimmermann. Was ist aber dieser Zustand, den Zimmermann schildert, wenn nicht ein Zustand der Verpfändung? und warum sich so sehr sträuben gegen den einfachen Begriff des Pfandrechts? Das Ganze läuft ziemlich auf einen blossen Wortstreit hinaus.

§ 30.
d. System der Verpfändung.

61. Die Quellen sprechen durchweg von Verpfändung und von Pfandrecht. Varro hat wohl bedacht, was er sagte, als er in einem sprachlichen Werke, wo (trotz der Etymologien) jedes technische Wort geprüft und abgewägt werden musste, *De lingua latina* (V, 40) schrieb: „*quod ea pignore data mancupis fidem praestent.*" Ebenso der Scholiast:[236] „*Et subsignandi haec solebat esse causa, ut... loco pignoris praedia sua reipublicae obligarent...*"

Dass *rem obligare* das Verpfänden bezeichnet, ist unleugbar, und fortwährend sehen wir diesen Ausdruck in Beziehung auf die Subsignation angewandt; so sagt Gaius in einer schon angezogenen Stelle (II, 61), „*item si rem obligatam sibi populus vendiderit,* u. s. w." und in der L. 15 § 1 *de dote praelegata* (33, 4) stellt er *res pignoratas* (im Privatverkehr verpfändet) und *res in publicum obligatas* zusammen. Paulus in L. 16 § 1 *de pignoratitia* (13, 7) und Pomponius in der schon citirten L. 205 *de R. J.* (50, 17) deuten offenbar auf Pfandrecht.[237])

---

[236]) *Schol. Bob.* Or. II, 244. | [237]) Cf. L. 68 § 1 *de fideiussor.*

82 System der Verpfändung § 30.

Von Cicero[236]) wird das Wort *subesse* gebraucht, um diesen Zustand zu bezeichnen. Dies entspricht genau dem *subdere* als Act der Verpfändung, welches das Stadtrecht von Malaga 63, 64, braucht, und dem *supponere*, als der allgemeinen Bezeichnung für *rem pignori obligare*,[239]) wie dem griechischen ὑποτίθημι, und der ὑποθήκη.

Dass *subsignare* nicht nur im Bereiche der *praedes* und *praedia*, sondern auch sonst für *pignore obligare* gebraucht wird, von der Generalhypothek des Fiscus, von Prozesscautionen, u. s. w. ist schon oben erinnert worden.[240])

In der That ist *subsignation* und hypothekarische Verpfändung ein und derselbe Begriff. Dass der griechische Name im Privatverkehr gäng und gäbe geworden, der Lateinische dagegen mehr der öffentlichen Rechtssphäre eigen geblieben zu sein scheint, darf nicht mehr wundern als so manches Aehnliche im Juristischen Sprachgebrauche aller Völker und aller Zeiten.[241]) Aber auch die Existenz dieses Rechts der Hypothek zu einer Zeit, in welcher man ungerechtfertigter Weise mehr an *fiducia* und an Faustpfand denkt, als an Uebertragung eines *ius in re* durch blossen Vertrag, resp. Verzeich-

---

(16, 1), Cic. 3, 2, De lege agraria, im Ackergesetze mehrere Stellen, im Stadtrechte 63, 64, u. s. w. — v. *supra* § 8.
Keller, Pand. § 190 ad fin. Rudorff, Zschr. XIII, 192, c. 21, 22; Bachofen, Pfandrecht p. 259.

[238]) Verr. 1, 55, 144. *D. Bruti, cujus praedia suberant, periculum.*

[239]) Rudorff, Zschr. XIII, p. 202. L. 8 § 5 *C. de bon. qu. lib.* (6, 61), L. 5 § 9 *C. Quae res pignori* (8, 17).

[240]) v. *supra* § 8, 21 u. § 19,

40. *Subsignatio* ist gleichbedeutend mit *oppigneratio* in *Th. C. I, 11, c. de off. com. rei priv., XIII, 11, c. 5 § 1 de Censitoribus, cet.*

[241]) Rudorff, l. l. p. 245. „Das Faustpfand und die Hypothek sind Unterarten des *pignus*, der Name der letzteren ist allerdings fremden und jüngeren Ursprungs, die Institute aber lassen sich unter dem Namen *depositum* und *oppositum pignus* urkundlich bis auf den Anfang der Republik zurückführen." cf. *ibid.* p. 202.

System der Verpfändung § 30.

nung, erscheint als ganz natürlich, wenn man sich nur den Entwickelungsgang vergegenwärtigt, welcher sie hervorgebracht hat. Das Treten des Vermögens an die Stelle der Person, woraus das Bedürfniss einer grösseren Sicherheit, einer directen Beziehung zur Sache, entstand, ist erst nach und nach aus den Bedürfnissen des Verkehrs nach Abkommen des Nexums entsprungen, und mochte mit den anderweitigen Bildungserscheinungen parallel gehen, welche das Aufkommen der Hypothek im Römischen Rechtsleben kennzeichnen. Von letzteren zu handeln, ist unsere Sache nicht; nur Eines ist hervorzuheben, nämlich dass die ersten Nachrichten unserer Quellen über Subsignation fast um ein Jahrhundert jünger sind als die Catonischen Pachtformulare.[242]

Dass aber im Falle der Nichterfüllung der Leistung ein unmittelbares Verkaufsrecht dem Staate zusteht, ohne vorherige Anstrengung einer Pfandklage, ist reine Folge von der publizistischen Natur der Sicherheitsleistung durch *praedes* und *praedia*, und eben dasjenige, was noch von der ursprünglichen publizistischen Obligation übrig geblieben. Es ist somit nicht nöthig, wie Dernburg es thut, in der staatsrechtlichen Souveränetät des römischen Volks innerhalb des römischen Territoriums[243] die Erklärung dieser historisch regelmässigen Thatsache zu suchen; es genügt auf die Erörterungen in § 4 und in § 8 hinzuweisen.

---

[242] Puchta, Inst. II, 760 s. § 251, n. a. Bachofen in seinem. Pfandrecht p. 259 stellt quellengemäss den Gegensatz auf: *obligatio*, Pfandrecht im öffentlichen Verkehr, und *pignus*, conventionnelles Pfandrecht des Privatverkehrs. Beide Institute haben sich nach B. ganz selbstständig entwickelt, und seit der Ausbildung des vertragsmässigen Pfandverkaufs vereinigt. Von der Sicherheitsleistung durch *praedes* und *praedia* wurde dann das Wort *obligatio* auf die Gegenstände des conventionellen Pfandrechts übertragen. Erst spät sei *res obligata* ganz gleichbedeutend mit *pignus* geworden; vgl. das Quellenstudium über *obligare* u. s. w. p. 225.

[243] Dernburg, Pfandrecht p. 35. cf. *supra* § 8. n. 71.

CAPITEL IV.

Verschwinden
der
Cautio praedibus praediisque aus dem Rechtsverkehr.

§ 31.

62. Im Pandectenrecht ist die alte Sicherheitsleistung durch Bürgen und Güter bereits verschwunden, und die Wörter, die sich darauf bezogen, sind von den Compilatoren ausgemerzt worden.[244)]

Die letzten positiven Spuren von ihr als' geltendem Rechte finden wir in Gaius und in der Stelle von Paulus in den Vaticanischen Fragmenten.

Die *Cautio praedibus praediisque* ist aus dem Rechtsleben gewichen, weil ihr der Boden unten den Füssen geschwunden ist, wie sich aus einer raschen Uebersicht der einzelnen Fälle,

---

[244)] Es ist oben schon bemerkt worden, dass in l. 6 § 7 *Comm. Div.* statt *praedibus* „*pro aedibus*" zu lesen ist. In folgenden Stellen ist eine ursprüngliche Beziehung auf *praedes* vorzüglich annehmbar: *L. 16 § 1 de pigneratitia (13, 7), L. 3 § fin. de peculio (15 § 1), L. 1 pr. § ult. de mag. conv. (27, 8), L. 15 de dote praelegata (33, 4), L. 69 pr. de fideiuss. (46, 1), L. 1 § pen., L. 11, L. 13, L. 17 § ult. Ad Municip. (50, 1), L. 3 § 3 § ult. de administr. rer. (50, 8). L. 205 de R. J. (50, 17) ... L. un. C. de periculo eorum qui pro magistr. (11, 35)?*

in welchen sie vorkam, leicht ergeben wird. Jene alten *praedes litis et vindiciarum* und *praedes sacramenti* sind mit dem Legisactionenprozess untergegangen;[245]) dass in der Scheinvindikation keine *praedes* vorkommen, ist klar.[246]) Durch die Umgestaltung des Repetundenprozesses und des ganzen Strafrechtswesens sind eine Reihe von Anwendungen unserer Bürgschaft unpractisch geworden. Alle andern Fälle bezogen sich auf das Aerar und folgten dessen Schicksale,[247]) sodass parallel mit dem Untergange des Aerars auch die Sicherheitsleistung durch Bürgen und Güter unterging. Deshalb ist dieser Verlauf kurz zu beschreiben.

63. Nachdem August die Kaiserliche Kasse gestiftet,[248]) bestanden nunmehr beide Kassen neben einander, das Aerar, wie von jeher unter Verfügung des Senats stehend, und der Fiscus, von Hause aus Privatvermögen des Kaisers; jenes durch die Einkünfte der Senatsprovinzen und besondere Einnahmen alimentirt, dieser von den Revenüen der kaiserlichen Provinzen und von sehr vielen Nebeneinnahmen bereichert.[249]) Der geschichtliche Prozess, der von nun an vor sich ging, ist bekannt genug. Frühe schon zeigte sich die Tendenz dasjenige, welches dem Aerar zukam, nach und nach dem Fiscus angedeihen zu lassen,[250]) bis dieser endlich alleinige Staatskasse ward, während die Volkskasse zur blossen Stadtkasse zusammenschrumpfte. Wesentlich trug dazu bei das Aufhören des Unterschieds zwi-

---

[245]) Rudorff, R. G. II, § 37, p. 133.

[246]) Rudorff, a. a. O. § 39, p. 140.

[247]) Das Hauptgewicht beim Untergange der *Cautio praedibus praediisque* legt Heyne (p. 38, 39) auf das veränderte System der öffentlichen Einnahmen. Dabei erwähnt er auch das Abkommen der *Multae dictio*, p. 37.

[248]) Die Kriegskasse ist als eine der Abtheilungen der kaiserlichen Kasse anzusehen, die, wie später die Schatulle, ihre eigene Verwaltung hatte. Dernburg, Pfandr. I, p. 337, n. 8.

[249]) So von der Erbschaftssteuer schon unter August, von der Abgabe bei Sclavenverkauf, u. A. m.

[250]) So gingen durch eine Constitution des Caracalla die *Caduca* dem Aerar verloren, Ulp. 17, 2.

schen kaiserlichen und Senatsprovinzen, indem im dritten Jahrhundert nach Christi Geburt alle Provinzen kaiserlich wurden.

Callistratus und Paulus konnten noch *ex professo* Abhandlungen *De iure fisci et populi* schreiben.[231]) Auch Ulpian unterschied noch *fiscus* von *populus*.[232]) Allein bald darauf wird schon der Fiscus selbst als Staatkasse Aerar genannt; in den Institutionen, in den Pandecten, im Codex werden beide Bezeichnungen einer und derselben Staatseinrichtung *promiscue* gebraucht.[233])

Der wesentliche Charackter des Fiscus im Gegensatze zum Aerar ist schon durch den Namen *fiscus privatus*, τὸ βασιλικόν, klar bezeugt. Der Fiscus ist der Kaiser als ökonomische Persönlichkeit. Es ist die Privatkasse des Kaisers,[234]) deren allmäliges Ueberhandnehmen nebst dem Verkümmern des Aerars nur ein einzelnes und natürliches Kennzeichen ist von der Umänderung des Römischen Staats und der Orientalisirung der kaiserlichen Macht. Als der Kaiser im Staate Alles war, als er der Staat war,[235]) musste auch seine **Privatkasse Staatskasse** sein.

Der Fiscus ist die vornehmste unter den juristischen Personen. Aber es ist eben eine **Person**, welche in ihren Rechtsstreiten mit Privatleuten als Privatperson dasteht, und der Jurisdiction des dazu creirten Prätors untergeben ist.[236]) In diesem durchaus privaten Charakter des Fiscus liegt der Grund

---

[231]) *Rubr. L. 1 de bonis damnatorum (48, 20).* Paul. V, 12.

[232]) Ulp. 28, 7. 17, 2.

[233]) So im Titel *de Jure fisci* L. 13 pr. § 1, § 3, L. 15 passim, L. 42 § 1. — L. 17 pr., L. 39 pr. *de V. S. (50, 16).* L. 20 § 7 *de H. P. (5, 3).* § ult. *J. de Usucapionibus,* L. 3 C. *de Quadriennii praescript. (7, 37).*

[234]) „Res fiscales quasi propriae et privatae principis sunt", sagt Ulpian, in L. 2 § 4 *Ne quid in loco publico (43, 8).* „Caesar omnia habet," sagte Seneca, „fiscus eius privata tantum ac sua" (Benef. 7, 6). Die Schatulle wurde in der Verwaltung erst dann vom Fiscus abgesondert, als dieser so gut als Staatskasse geworden war. Spart. Sever. 12.

[235]) „L'Empire, c'est moi."

[236]) L. 2 § 31 de O. J.

seiner Unfähigkeit der Prädalcaution theilhaftig zu werden. Sicher gestellt zu werden durch „Bürgen und Güter" steht nur dem *Populus* zu;[237]) und mit dem Verschwinden der letzten „publizistischen Obligation"[238]) musste auch die publizistische Caution verschwinden. Jener Prozess war also vollendet, dessen erstes Stadium die allgemeine Geltung der sogenannten „publizischen Verbindlichkeit" war.

64. Aber gleich von Anfang an machte sich auch für die kaiserliche Kasse die Nothwendigkeit einer potenzirten Sicherstellung geltend. Deshalb verordnete schon das Julische Gesetz über Einführung oder Wiedereinführung der Erbschaftssteuer,[259]) dass die Pächter der *vicesima* der Kriegskasse mit ihrem ganzen Vermögen verhaftet sein sollten.

In *Fragmentum de iure fisci* § 5 wird bezeugt:

Bona eorum qui cum fisco contrahunt, lege vicesimaria[260]) *velut pignoris iure fisco obligantur, non solum ea quae habent, sed ea quoque quae postea habituri sunt.*

Aus der speziellen Bestimmung des Julischen Gesetzes hat sich im Laufe der Zeit das allgemeine Institut der fiscalischen Generalhypothek herausgebildet, welches im *fragmentum de iure fisci* schon auf seinem Gipfel erscheint.[261]) Das Tiberische Edict zeigt uns ein Anfangstadium dieses Entwickelungsgangs,[262]) welchen zu verfolgen ausserhalb unserer Aufgabe liegt.

---

[257]) v. oben § 7.

[258]) l. l. 17. — Bachofen, Pfandr. 220, 221. Huschke, Nexum, 12.

[259]) Bachofen, ausgewählte Lehren, über die *vicesima hereditatium*.

[260]) Die verschiedenen Vermuthungen, die zur Füllung der Lücke, über den Namen der *Lex* aufgestellt wurden, scheinen durch Boecking's Restitution entbehrlich gemacht zu sein. Doch liest neuerdings noch Huschke *vacuaria*, s. unten § 39, 81.

[261]) Cf. L. 2 C. *Ex quibus causis pignus* (8, 15).

[262]) Rudorff in Rh. Mus. für Phil. u. J. II, 64 s. 133 s.

Dass auch hier einzelne Bestandttheile des Vermögens speziell verpfändet zu werden pflegten, erhellt aus mehreren Stellen.[263])

Wir wissen ferner aus Gaius,[264]) dass dieselbe *Lex vicesimaria* auch Bürgenstellung von Seiten der Steuerpächter[265]) verordnete, und für diese Verbürgungen die Beschränkungen der *Lex Cornelia* aufhob, so dass die der Kriegskasse wegen der Erbschaftssteuer verhafteten Bürgen mit ihrem ganzen Vermögen einstanden. Ohne Zweifel umfasst das „*cum fisco contrahere*" im Fragment sowohl das Verhältniss des Bürgen als das des Hauptschuldners.[266]) Eine allgemeine Verpflichtung zur *satis datio* dem *fiscus* gegenüber lässt sich aus mehreren Fällen deutlich ersehen.[267])

So wurde im römischen Staatswesen die *cautio praedibus praediisque* durch Fidejussion und Generalhypothek des Fiscus ersetzt.[268])

Ein Herübertragen der fiscalischen Generalhypothek auf das Aerar anzunehmen, scheint mir überflüssig. In *Mal. 64* lässt sich nichts derartiges aufweisen. Es ist diese Stelle ein Beleg für die allgemeine Verhaftung des Vermögens der Bürgen, und weiter nichts.[269])

Dagegen glaubt Bachofen[270]) an ein Herübertragen der

---

[263]) Ueber L. 3 § *ult. de Admin. rerum* (50, 8), cf. § 16, 35.

[264]) Gai. III, 125.

[265]) Dass für die Steuern director Bezug durch Beamtete anstatt Verpachtung immer mehr aufkam, ist bekannt.

[266]) L. 19 *de V. S.* L. 68 § 1 *de fideiuss. et mand.* (46, 1).

[267]) L. 9 *de publ. et vectig.* (39, 4), L. 2 § *pen. de Administratione rerum* (50, 8), L. 54 *Locati* (19, 2), L. 1 C. *de locat. praed. civ.*

fisc. (11, 71), § 21 *fragm. de Jure fisci.*

[268]) Vgl. für das Ganze Heyne § 14, Zimmermann § 8. Bachofen, Pfdr. I, 233 ss. Dernburg, Pfdr. I, 334 ff. — Salmasius glaubte in den *plegii, pregii, preji*, der niederen Latinität (*pledges*) die *praedes* wieder zu erkennen.

[269]) Dagegen Dernburg, Pfdr., p. 40, 41.

[270]) Welchem Keller, in Rich-

cautio praedibus praediisque auf den Fiscus,[211]) was mit ihrem ganzen Wesen in Widerspruch steht, und insbesondere mit Gaius II, 61 nicht vereinbar ist. Denn, wie konnte er blos vom Aerar reden, als der Fiscus bei weitem wichtiger war? Wie konnten ferner die engen Bestimmungen über die verpfändbaren Grundstücke dem römischen Weltreiche genügen, wenn nur *praedia in italico solo* zulässig waren, u. s. w.? Und wie liesse sich ausserdem das zugleich mit dem Untergange des Aerars vor sich gehende Verschwinden der Prädulcaution erklären?

---

ter's krit. Jahrb. 1847, p. 1007, und Huschke in seiner *Jurisprudentia Anteiustinianea, Fragm. de Jure fisci,* ad § 5 — beizustimmen scheinen.

[211]) „Vom alten *Jus praediatorium*" (!), meint Dachofen, „hat die fiscalische Güterverhaftung den Namen *Obligatio bonorum* angenommen" u. dgl.

ZWEITER THEIL.

Verwirklichung

der

Cautio praedibus praediisque.

CAPITEL I.

Allgemeines und Einleitendes.

§ 32.

Grundgedanken.

65. Wirkung der Bürgschaft, als Vermehrung der Schuldner betrachtet, war Verpflichtung des *praes* zur Erfüllung der Hauptschuld, neben dem Hauptschuldner und für den Hauptschuldner, so dass der Gläubiger sich an diesen oder an den Bürgen wenden konnte, um befriedigt zu werden.[272] Erfüllte der Hauptschuldner, so war der Bürge frei. Ueber etwaige Formalien bei Befreiung des *praes* sind uns keinerlei Nachrichten überliefert.[273] Tilgung in der betreffenden Urkunde scheint

---

[272] Wie in jedem ursprünglichen Rechtssystem. Ἐγγύα πάρα δ'ἄτα... „Bürgen soll man würgen" ...
Cic. *Phil.* 2, 29: „Et ad te ad praedes tuos milites misit."
§ 4 J. de fideiussoribus (3, 20).
Si plures sunt fideiussores, quotquot erunt numero, singuli in solidum tenentur: itaque liberum est creditori, a quo velit solidum petere." cf. L. 3 L. 5 C. de fideiuss. (8, 41), u. a. m.

[273] Aus Cic. *Div.* 5, 20, 3, 4, lässt sich dafür nichts ersehen: „Docuerunt enim me periti homines, in his cum omnium peritissimus, tum mihi amicissimus, C. Camillus, ad Volusium transferri nomen a Valerio non potuisse, sed praedes valerianos teneri, et c ...

Grundgedanken der Execution § 32.

naturgemäss.[271]) Wird aber der Bürge angegangen, und er erfüllt nicht, dann erfolgt Execution.

Die Execution des Staats gegen die publizistischen Bürgen war eigener Art, und wurde beständig *praedum venditio* genannt. Hiebei sind aber zwei Zeitepochen zu unterscheiden; zwei grundverschiedene Rechtsthatsachen lassen sich unter denselben Namen subsummiren.

66. Vorerst nämlich musste diese Execution gegen den publizistischen Bürgen wie gegen jeden publizistischen Schuldner unmittelbar vor sich gehen. Der *praes* war wie der *nexus* verpflichtet, wie der *indicatus* und *confessus*. Sowie er der übernommenen Verpflichtung nicht nachkam, war er der *manus iniectio* preisgegeben, und es erfolgten alle Einzelheiten dieser *Legis actio* und der durch sie eingeleiteten Execution, — also Vorführung vor den Prätor, wo jetzt noch der Bürge erfüllen konnte, oder ein Anderer für ihn, sonst Execution,[272]) nach den XII Tafeln wie bekannt mit sechzigtägiger Pfandhaft, mit Verkaufs-, Tödtungs-, Zerstückelungsrecht, u. s. w., nicht sowohl

---

[271]) Diese Tilgung, glaubte Mommsen, Stadtrechte 477, Anm. 53, aus dem Inhalte der Zeilen 46 und 100 des Ackergesetzes herauszulesen, welche er auf folgende Weise restituirte: Z. 46. [M]anceps praevides praediaque soluti sunto eaque nomina mancup[um praedum praediorum is quaestor] qui aerarium provinciam optinebit in tableis [publiceis deleto.]

Z. 100. [Manceps praedia prae]videsque nei magis solutei sun[to, eaque] nomina mancupu[m praediorum praesidum quaestor in tabuleis publiceis nei deleto]...

Das letztere Bruchstück scheint ihm „von irgend einer unredlich erlangten Lösung" zu handeln.

Jetzt macht er aus Z. 46: [Neice magis m]anceps praevides praediaque soluti sunto. Eaque nomina mancup[um ... quaestor] quei aerarium provinciam optinebit, in tableis publiceis scripta habeto.

[272]) Bestreitung der Verpflichtung und Stellung eines Vindex scheint für Verbürgung dem Staate gegenüber nicht wohl annehmbar, schon des besonderen Charakters eines mit dem Staate eingegangenen Rechtsgeschäfts wegen, cf. § 7. Als Privaten *praedibus* cavirt wurde, bei jener

Grundgedanken der Execution § 32.

vom Gesichtspunkte pecuniärer Befriedigung aus, als von demjenigen der Strafe.[215])

Dass auch in Beziehung auf die *praedes* durch das pötelische Gesetz die Execution gemildert und wesentlich modificirt wurde, ist selbstverständlich. Wahrscheinlich ist es auch, dass vor den zwölf Tafeln eine rohere Executionsform geltend war: in dem Stadtrechte von Malaga findet sich aber dafür nicht der geringste Beleg.

Diese Execution gegen den publizistischen Bürgen muss stattgefunden haben.[216]) Geblieben ist aber von ihr in unseren Quellen nichts, als die sie wohl um ein halbes Jahrtausend in der Praxis überlebende Bezeichnung *praedes vendere*, worunter aber die Quellen etwas ganz anderes als das ursprünglich damit Bedeutete verstehen.

Mommsen[217]) erkennt richtig an, „dass jede publizistische Schuld nicht zum Prozesse führte, sondern sofort zur Execution, und dass die letztere bestand in einem Verkauf des Schuldners mit Habe und Gut." Ganz willkürlich ist aber die Verschärfung des Zwölftafelrechts in diesem Verkaufe, welche Mommsen als ursprüngliches Schuldrecht aufstellt, und durch den 64. Abschnitt des Stadtgesetzes bewogen, als im spätesten Provinzialrechte für Gemeindeforderungen fortbestehend betrachtet: „Das prädiatorische Recht weiss von keiner Verpflichtung des Klägers, die Execution gerichtlich zu vollstrecken, von keiner Möglichkeit, durch einen *vindex* dieselbe abzuwehren, von keiner besonderen Addiction durch den Magistrat, von keiner sechzigtägigen Gnadenfrist, sondern lässt mit Beseitigung aller dieser Mittelstufen sofort aus der constatirten Obligation das Verkaufsrecht ent-

---

allgemeineren Herrschaft der publizistischen Obligation, vor dem pötelischen Volksschluss, — da stand der Bestreitung durch *vindex* nichts entgegen.
[275]) v. *supra* § 4. Keller C. P. § 63. Rudorff, R. G. § 89

u. s. w. Zimmermann, p. 24. Dernburg, p. 28.
[277]) Ebenso ist dem Gebrauche der *praedae sectio* die *venditio sub corona* vorausgegangen.
[278]) Mommsen, Stadtrechte 472 ff.

stehen. Wir lernen hier zuerst, dass es einmal in fernster Zeit ein Schuldrecht gab, welches für Gemeindeforderungen sich bis in eine verhältnissmässig sehr späte Zeit behauptet hat, wonach jeder säumige Schuldner, wenn es dem Gläubiger gefiel, ohne weiteres Sclave desselben ward. Damit verglichen erscheint denn freilich selbst das harte Zwölftafelrecht menschlich und mild. Natürlich ist die Entwickelung von jenem zu diesem nicht weiter im Einzelnen zu verfolgen..." Warum dies Alles? Weil das Stadtgesetz für Malaga blos von Verkauf spricht und von Vindex, von Gnadenfrist, u. s. w., nichts sagt, weil es die Mittel- und Zwischenstufen auslässt und für das ganze Detail auf die Praxis in Rom verweist!... Wie ungerechtfertigt ein solcher Schluss ist, braucht wohl kaum bemerkt zu werden.[219])

67. In unseren Quellen findet sich, wie schon gesagt, von jener alten *praedum venditio* keine Spur mehr. In dem ausgebildeten Systeme der Sicherheitsleistung durch Bürgen und Güter erscheint als Endresultat der gesammten Entwickelung von Vermögensexecution und Vermögensverhaftung dasjenige Verfahren als zur Realisation dieser Caution durchgeführt, welches in seinen Grundprinzipien zur Eintreibung der Staatsschulden überhaupt, — der Steuern, der Forderungen an insolvente Schuldner, der Geldbussen, — beim Aerar üblich war und zum Vorbilde der Vermögensexecution im Privatverkehr wurde.[220])

„Das republikanische Aerar," sagt Rudorff,[221]) „erspart sich die Weiterungen der Execution und des Concurses durch die Cession *(venditio)* eines solchen Geschäfts an Publicanen gegen eine baare Licitationssumme."

Das ist der Grundgedanke der *praedum venditio*, wie sie unsere Quellen kennen, wie sie insbesondere aus dem Stadtrechte erhellt, der *Sectio*, u. dgl. Wie die Hypothek des Staats auf Gütermassen insolventer Staatsschuldner an den *Sector* und die der Privatgläubiger an den *bonorum emtor* verkauft wurde, so

---

[219]) Zimmermann, p. 26.
[220]) Keller, § 83. — Rudorff, R. G. II, 308.
[221]) l. l. 307 (§ 93).

Grundgedanken der Execution § 32. 97

verkauft auch der Staat seine executive Forderung auf das Gesammtvermögen der Bürgen, eventuell der Cognitoren, und sein Pfandrecht auf die subsignirten Grundstücke an den Prädiator.[282])

Die einzelnen Momente des Uebergangs von der Personalexecution gegen die *praedes* bis zur Cession der executiven Forderung an Speculanten, sind nicht nachzuweisen. Zimmermann gebührt die Ehre, diesen Zusammenhang und diese Analogie zuerst entwickelt und ausgeführt zu haben; dadurch hat er die ganze Lehre neu beleuchtet.[283]) Er drückt dasjenige, was vom Staate verkauft wurde, treffend aus mit „*potestas quaedam, qua ipsa cautio, ut ita dicam, in rem emptoris continuaretur.*" Darin liegt also vorerst die Forderung an den Bürgen, welche dem Staate zustand, und wenn *praedia* subsignirt waren, das Pfandrecht an diesen. Beides fällig, und dem publizistischen Ursprung gemäss, mit dem Rechte der Verfolgung gesetzlich schon verbunden.[284])

Der vollständige Ausdruck, welcher den Verkauf bezeichnet, ist in Cicero schon, wie im Stadtrechte von Malaga, *praedes praediaque vendere*, eventuell *praedes praedia cognitores vendere* (*Mal. 64*). Man findet auch einfach *praedes vendere*. Dieser Sprachgebrauch ist derselbe als derjenige, welchem wir bei den *sarta tecta*, bei den Vectigalien, beim *agrum fruendum locare, locum publicum fruendum, — sectionem vendere*, bei den censorischen Locationen, *venditiones*, überhaupt begegnen,[285]) lauter Ausdrücke, welche die Einziehung, die Beitreibung, die Benutzung bezeichnen. Unter *praedes* ist hier also die Einziehung der Forderung an die *praedes* zu verstehen, und schon der Parallelismus von *praedes* und *praedia* in *praedes praediaque vendere* zeigt, dass die *praedia* nicht anders verkauft wurden, als die *praedes*, nämlich dass nicht die Grund-

---

[282]) S. Puchta, Inst. III, § 327, Anm. n.
[283]) Zimmermann, 40 ff.
[284]) S. oben § 4, 13 und unten § 37.
[285]) Festus V° *Venditiones*.

stücke selbst verkauft wurden, sondern nur das Pfandrecht an denselben.

68. Von einer *mancipis venditio* sehen wir nur schwache Spuren.²⁸⁶) Claudius, der bekannten Stelle in Sueton (*Claud.* 9) zufolge, wurde möglicherweise als Hauptschuldner „feilgeboten", denn „*fidem aerario obligare*" passt ebenso gut auf den Hauptschuldner als auf den Bürgen. Man sieht aber nicht wohl ein, wie Claudius dazu gekommen sein sollte, als Hauptschuldner dem Staate gegenüber zu stehen; die frühere Hypothese, er habe zu dem für seine neue Amtsstellung nöthigen Aufwand Geld vom Staate geborgt, hat wenig für und manches gegen sich.

Das allgemeine Stillschweigen, und namentlich das Schweigen des Stadtrechts, ist auffallend, und muss seinen Grund darin haben, dass wirklich zu der klassischen Zeit der *cautio praedibus praediisque* der Hauptschuldner in der Regel nicht angegangen²⁸⁷) oder wenigstens die Forderung gegen ihn nicht verkauft wurde.

Wenn man sich den praktischen Gebrauch der Sicherheitsleistung *praedibus praediisque* vergegenwärtigt, so muss man erkennen, dass sie bei weitem am häufigsten, ja einzig regelmässig und beständig wiederkehrend, von den Lieferanten und Steuerpächtern geleistet wurde, welche mit der Verwaltung des Aerars in fortdauernder Geschäftsverbindung standen. Es fehlen uns ausführliche Nachrichten von den Usancen, welche in diesen Geschäftskreisen bezüglich der Sicherheitsleistung galten; dass es aber hierin Usancen gab, welche durch jahrhundertelange Praxis sanctionirt waren, ist nicht zu bezweifeln. Wir haben schon hervorgehoben, dass in den Publicanengesellschaften Genossen waren, welche die Rolle der Bürgen stehend und gewerbmässig übernahmen. Verbindet man nun diese „Spezialisirung" der Verbürgung mit dem ungeheueren fortlaufenden Geschäftsbetriebe und mit den grossen Capitalien, welche hiebei

---

²⁸⁶) Cic. *Phil.* 2, 29. S. unten, § 37, 76.
²⁸⁷) Die falsche Ansicht, welche sich hierauf gestützt, s. oben § 26.

umgesetzt wurden, — so gewinnt die Vermuthung ziemliche Wahrscheinlichkeit, dass es in diesen Verhältnissen stehender Brauch war, den *manceps* nicht zu belangen, sondern immer nur die Bürgen. Auch der Umstand bestätigt diese Vermuthung, dass sich jene Form der Realisirung durch Cession an Speculanten bilden konnte, welche auf einen beständigen Verkehr und auf eine aus dem Verkehr entstandene Gewohnheit unverkennbar deutet, als eine Vereinfachung des Verkehrs. Wahrscheinlich hat sich aber diese zum Verhältnisse mit den Publicanen und zum gesammten Wesen des Staatshaushalts so vorzüglich passende Vereinfachung nur für die Execution gegen die Bürgen gebildet. War dies wirklich der Fall, so musste man, wenn gegen den Hauptschuldner vorgeschritten werden sollte, zur gewöhnlichen umständlicheren Execution greifen, — und darin lag wieder ein Grund mehr für das stete Belangen der Bürgen und nicht des Hauptschuldners. Zwei Punkte sind hier namentlich festzuhalten: das Gewerbmässige des Bürgenverhältnisses, und die Ausbildung der darauf bezüglichen Regeln aus der Praxis der Publicanen, Steuerpächter wie Güterkäufer. Dadurch wird manches Dunkele klarer. So wird es auch wahrscheinlich, dass, obschon theoretisch Grundstücke des Hauptschuldners ebenso gut wie Grundstücke des Bürgen subsignirt wurden,[248]) wie es auch z. B. im Ackergesetz der Fall ist, doch in der Praxis des Staats den Steuerpächtern gegenüber wohl meistens nur von Bürgen Subsignation verlangt zu werden pflegte. Da man den *manceps* zu belangen nicht vorhatte, erschien es als unnütz, eine Verpfändung von ihm zu verlangen.

Mommsen's Irrthum ist, dass er den *manceps* als frei betrachtet. Er war so verhaftet wie der Bürge,[249]) nur hat sich die Praxis gebildet, ihn nicht zu belangen, daher auch in der Regel von ihm keine Verpfändung verlangt werden mochte.

In der ganzen Bildung der Lehre von der Prädalcaution sind weniger abstracte Theorien als practische Anschauungen

---

[248]) s. oben § 27.
[249]) cf. *supra* § 26.

Ottfried Müller, zu Festus, p. 151.

massgebend gewesen; alles ist hier concret und aus dem alltäglichen Leben, aus den Bedürfnissen eines sich weit entwickelnden Verkehrs entstanden.

§ 33.
Irrthümliche Auffassungen.

69. Natürlich hängen die verschiedenen Ansichten über die *praedum renditio* mit den Systemen der *praedum datio* auf das Engste zusammen. Die meisten zerfallen bei der jetzigen grösseren Quellenkunde von selbst. Sie sind daher nur *pro memoria* und so kurz als möglich anzuführen.

Saumaise schon bezog das *vendere* auf das Vermögen allein; doch konnte noch ein Ottfried Müller glauben, dass die *renditio trans Tiberim* des *praes* und des *manceps* unter den Kaisern theoretisch Rechtens gewesen wäre.[290] Graevius[291] construirt die Sache so: der Staatsschuldner giebt Pfänder und Bürgen. Die Pfänder werden dem prädiatorischen Gesetze gemäss als verkäuflich angeschlagen. Genügen sie nicht, oder werden sie vergeblich, *in vacuum*, angeschlagen, so wendet man sich an die Bürgen, und deren Güter werden nunmehr verkauft. Graevius stützt sich dabei auf L. 45 § 1 *de I. F.* (49, 14). Heyne[292] hält die ganze *praedum venditio* für eine reine *publicatio bonorum*, und die *emtio bonorum rei publicae obligatorum* für eine *successio per universitatem*, dabei hebt er mit richtigem Tact den Parallelismus der *sectio* hervor, und das Mitbieten des Bürgen.[293] In den kritischen Jahrbüchern[294] nahm Huschke an, dass die *praedia subsignata* im Falle der Execution von dem Aerar besonders verkauft worden, und zwar allem Anschein nach vor dem übrigen Vermögen des *praes*;

---

[290] In Festus p. 151. — Das *venale caput cet.* bei Juvenal hat hierauf keine Beziehung!
[291] Graevius, Diss. S. 15.
[292] Heyne, Diss. S. 9, 26, 27.
[293] v. *infra*.
[294] Richter's K. J. V, 605 ff. (1841).

Irrthümliche Auffassungen § 33.

der sonstige Verkauf wäre alsdann gewöhnlicher Concurs gewesen. In der Zeitschrift für geschichtliche Rechtswissenschaft[205]) äussert er, auf Anlass der missverstandenen Stelle bei Cicero, eine ganz andere Meinung, dass nämlich die Rechte des Staats gegen die bisherigen *(manceps* und) *praedes* so verkauft wurden, wie anderwärts die Vectigalien, ausstehende Kaufgelder, u. dgl. Also im Keime die richtige Ansicht, nur falsch angewandt, da Huschke die von Cicero erwähnte und besprochene *Locatio* für eine *venditio praedum praediorumque* hält.[206])

Bachofen sieht, seiner Anschauung vom ganzen Vermögen als verpfändet gemäss, in der *praedum venditio* einen einfachen Pfandverkauf; der Käufer der obligirten Sache erwirbt demnach von dem Volke das quiritarische Eigenthum. Nach Bachofen „ist es eben der wichtigste Schritt in der Entwickelung der Prädiatur gewesen, dass es möglich wurde, das Vermögen ohne den Inhaber, die *bona praedia* ohne den *manceps* oder *praes* zu veräussern."[207]) Richtig unterscheidet Mommsen[208]) den Verkauf *lege praediatoria* vom Verkauf *in vacuum*, versteht aber unter letzterem den gewöhnlichen Concurs, unter ersterem eine Operation, „wodurch die Gemeinde die ihr schuldige Leistung durch Licitation einem zweiten Unternehmer übertrug und an Zahlung Statt diesen anwies, wegen seiner Forderung sich als Cessionar der Gemeinde an dem ersten Unternehmer und dessen *praedes* zu halten." Diese Erklärung, welche von vorn herein schon wegen ihres Mangels an Allgemeinheit als verfehlt erscheinen muss, indem sie nur auf den Fall der Sicherheitsleistung von Seiten des Uebernehmers von Ultrotributen passt, hat sich bei Mommsen durch Missverständniss der Ciceronischen

---

[205]) Zschr. XIV, 269, n. 125. (1848).

[206]) In fr. *de iure fisci* § 5 liest H. „*lex vacuaria*" und identifizirt diese l. v. mit der *lex in vacuum vendendis* in *Mal.* 64, „*qua ex lege emptori, postea fisco i. e. procuratori Caesaris etiam singulas res debitoris persequi et distrahere videtur licuisse.*"

[207]) Bachofen, Pfandrecht p. 226.

[208]) Mommsen, Stadtrechte p. 474 ff.

Stelle in der *causa Juniana* gebildet, — indem er glaubt, dass durch *in bonis, praedibus praediisque vendendis* die Adjudication an Rabonius bezeichnet wird.[299])

Wie Bach'ofen, so sieht auch Dernburg im Verkauf der subsignirten Grundstücke einen einfachen Pfandverkauf, welchen er durch das *ius eminens* des Staates rechtfertigt.[300]) Vom übrigen Vermögen aber sagt er nur, dass es, sowie es sich im Augenblicke des Fälligwerdens der Schuld vorfindet, „dem Staate zur Befriedigung dienen soll," womit wohl gemeint wird, dass es einfach publizirt wurde? Das juristische und zeitliche Verhältniss dieser *publicatio* zu jenem Pfandverkauf erhellt aber aus Dernburg's Erörterungen nicht. „Nicht selten," sagt or, „wurde der Verkauf der Prädia vom Verkaufe des übrigen Vermögens getrennt vorgenommen", — und zum Beleg citirt er Gaius II, 61, womit gar nichts bewiesen wird, „aber auch" Cicero *(Verr.* I, 54), wo mit dem besten Willen nichts derartiges zu finden ist.[301]) Von den beiden Terminen hat Dernburg eine quellenmässige, formell richtige Ansicht. Der Dernburgschen Theorie lässt sich der Vorzug grosser Einfachheit nicht absprechen. Sie ist auch namentlich dadurch anziehend, dass ihr zufolge der Verkauf dem Käufer quiritarisches Eigenthum verleiht, während nach Zimmermann das erstandene Pfandrecht doch nur eben Pfandrecht ist. Der Auffassung Dernburgs steht aber schon der Umstand entgegen, dass Gaius den alten Eigenthümer auch nach dem Verkaufe *dominus* neunt (II, 61). Ueberhaupt dürfte die *usurceptio ex praediatura* nach dieser Ansicht kaum zu erklären sein.

Uebrigens ist Dernburg schon darin systematisch unvollständig, dass er nur die *venditio praediorum* bespricht, die sonstige Execution aber fast ganz unerörtert lässt. Freilich lag die *praedum venditio* seiner Aufgabe ferner. Diese einseitige

---

[299]) S. oben § 17 n. 127. unten § 38 n. 366.
Cic. *Verr.* I, 54.

[300]) Pfandrecht p. 35; cf. *supra* § 8 n. 71.

[301]) Pfandrecht p. 35 n. 30.

Behandlung untrennbarer Rechtsthatsachen kann aber unmöglich zu einem vollständigen und richtigen Resultate führen.

Diejenigen Schriftsteller, welche dem Staate das fiduciarische Eigenthum der subsignirten Güter einräumen, nehmen, wie z. B. Hugo,[302] an, dass die Volkskasse die ihr *sub pacto fiduciae* verkauften Grundstücke „im Nothfall" an Prädiatoren verkauft. Das Nähere über diesen Verkauf hat aber, soviel wir wissen, keiner von ihnen ausführlich besprochen.

§ 34.
Die Prädiatoren.

70. *Publicanus* im weiteren Sinn ist bekanntlich ein Jeder welcher mit dem Staate, *populus, publicum, res publica*, Geschäfte macht, und zwar als Gewerbe.[303] So der Pächter öffentlicher Nutzungen, der Uebernehmer von Leistungen an das Gemeindewesen, der Steuerpächter, welcher in einem engeren technischen Sinne *publicanus* heisst,[304] der Güterausschlachter, *sector*... Ebenso gehört dazu eine Gattung von Industriellen, welche *praediatores* genannt wurden, und deren Gewerbe es war, die pfandrechtliche executive Forderung des Staats an die Bürgen und an die Sachverständigen, die *praedes praediaque cognitoresve*, zu erstehen.[305]

Gai. II, 61. Item si rem obligatam sibi populus vendiderit, eamque dominus possederit, concessa est usus receptio: sed hoc casu praedium biennio usu recipitur: et hoc est quod volgo dicitur Ex praediatura possessionem

---

[302] Hugo, R. G. 9. Auflage. s. 449.

[303] Becker-Marquardt III, 2, 217. Forcellini *hoc V°.* — Val. Max. V, 6, 8. Liv. 25, 3.

[304] Dirksen V° *Publicanus*.

[305] In Boëthius *ad Topica* 291, 66 (Or.) hat man lange *praediatores* gelesen, was gänzlich sinnverwirrend war. Cujacius schlug *praedicatores* vor. Jetzt ist die richtige Lesart *procuratores* allgemein recipirt.

usurecipi: nam qui mercatur a populo, praediator appellatur.

Dieses Zeugniss des Gaius muss in seiner Totalität betrachtet und ergänzt werden durch *L. Mal.* 65:

... *ii qui eos praedes cognitores ea praedia mercati erunt* ...

und Philoxen, *hoc V°*: *Praediator* Ωνητης ἐπαρχόντων.[306]) Sonst könnte man in dasselbe Missverständniss verfallen als Bachofen, welcher nur die letzten Worte des Gaius berücksichtigt und einen Jeden *qui a populo mercatur* für einen *praediator* erklärt, daher zu dem wunderlichen Resultate gelangt, dass die Prädiatoren eben diejenigen waren, welche dem Staate *praedibus praediisque* cavirten, also die Hauptschuldner.[307])

Die jetzt allgemein als richtig anerkannte Ansicht über das Wesen der Prädiatoren hat schon Saumaise,[308]) ihre Eigenschaft als Publicanen hat zuerst Heyne trefflich hervorgehoben.[309])

---

[306]) Labbé fügt hinzu: ὑπὲρ φόρου δήμου ἐνδιδέμενος. Saumaise schaltet ein *praediatus* und restituirt *δήμῳ*.

[307]) Pfandrecht S. 219. — So meinte auch Savigny, 1809, Heidelb. Jahrb. p. 258. Cujacius sagt bei Gelegenheit der Rubrik von *L.* 64 *de J. D.*: *praediatores, qui aerario obligati sunt*, (*Obs.* V, 29). Andere, *quorum praedia aerario tenentur.* Goesius, *qui sua praedia aliis iure pignoris vel hypothecae obligaverint.*

Zu erwähnen ist noch die Ansicht von Hotman (*Comm. de V. J. h. V°*) und Anderen, welche durch die bekannte Stelle von Furius und Cascellius verleitet,

die *praediatores* für *viri iuris praediatorii periti* hielten, — wie man sie auch mit den altfranzösischen *prudhommes* verglich, *qui limites agris constituunt et finium lites disceptant.*

Brisson, (*De V. S. hoc V°*) identifizirt die Prädiatoren mit den Bürgen; ebenso Gilbert Roy (*Ev.* 1, 27): *praedes, id est fideiussores iudicio sistendi causa*, also *vades*.

[308]) „*Praedum praediorumque emtores*". — Ihm ist Graevius gefolgt.

[309]) Heyne, Diss. p. 34 ... *honestissimi Equites qui, ut varia his negotiandi genera erant, cum alii publica conducerent, alii decumas, alii pascua publica*

Die Prädiatoren § 34.

Drei Prädiatoren sind uns dem Namen nach bekannt, Furius, Appuleius, Cascellius.[310]

71. Es scheint übrigens, dass sich die Prädiatoren nicht ausschliesslich auf Ankauf der Staatsforderungen und der Staatshypotheken beschränkten, sondern nebenbei auch von Privatgläubigern hypothecirte Grundstücke erstanden, und also vielfach, ihrem Namen gemäss,[311]) Güterhändler überhaupt waren. Wenigstens sehen wir den Prädiator Appuleius öfters erwähnt, in einer Angelegenheit, welche mit Sicherheitsleistung durch Bürgen und Güter und mit prädiatorisch-rechtlicher Execution nichts gemein hat.

Man hat nämlich in mehreren Briefen an Atticus vom Jahre 709[312]) mit aller Gewalt ein von Cicero eingegangenes Praesverhältniss entdecken wollen, während er doch mehrfach ausdrücklich von *spondere* und Mitsponsoren spricht. Bei seiner leichtsinnigen Vermögensführung, bei seinem fortwährenden Leihen und Entleihen mochte allenfalls Cicero eine fünfundzwanzig Jahre alte Privatverbürgung aus den Augen verloren haben: das Eingehen einer Verbürgung als *praes* dem Staate gegenüber wäre ihm wohl nicht so leicht entschlüpft, und der lange Zeitraum wäre ausserdem noch unbegreiflicher. Immerhin sind die aus den Briefen zu entnehmenden Nachrichten nicht ausführlich genug, als dass das ganze Geschäft aufgeklärt werden könne. Der Gläubiger war muthmasslich in Unterhandlung mit dem Güterhändler wegen Verkaufs der hypothecirten Grundstücke des Hauptschuldners, und um dies abzuwehren, machte

---

redimerent, ut ex iis nomen haberent ... ita et erant qui in auctionibus publicis praedia emerent, ut ea haud dubie deinde meliore conditione venderent, ex ea re nomen nacti praediatorum". Cf. Hugo, R. G. 10. Auflage, S. 492. Zimmermann, p. 39. *Mercari* deutet bekanntlich in der Regel auf das Handeln als Gewerbe zu Zwecken des Gewinnstes.

[310]) s. unten § 35.
[311]) Das Onomasticon übersetzt *praediatores* mit χωροσκόποι.
[312]) Cic. Att. XII. 13, ?, XIV, 1, 2. XV, XVII, XVIII, 3.

dessen Procurator die von Cicero eingegangene Bürgschaft geltend; Cicero scheint die ganze Sache sehr leicht zu nehmen.[313])

72. Dass die Prädiatoren wie die anderen Publicanen Gesellschaften bildeten, um Alles nach einem grösseren Massstabe betreiben zu können, erhellt aus *Mal. 65:*

.... *ut ii qui eos praedes cognitores ea praedia mercati erunt, praedes socii heredesque eorum iique ad quos ea res pertinebit, de iis rebus agere easque res petere persequi recte possint.*

Der Käufer im einzelnen Fall spielte hier dieselbe Rolle als der *manceps* der Steuerpächter; die Bürgen liefern den Beweis dafür, dass nicht nothwendig baar bezahlt wurde. Es ist anzunehmen, dass diese Prädiatorengesellschaften nach dem Vorbilde der Publicanengesellschaften überhaupt organisirt waren.[314])

§ 35.

Das prädiatorische Recht.

73. Die Lehre vom Verkauf der Forderung des Staats auf die ihm verfallenen Güter und von der Wiederlösung dieser, bildet das sogenannte prädiatorische Recht. Es ist das theils aus Usance, theils auf gesetzgeberischem Wege entstandene Recht, welchem namentlich die Prädiatoren in ihren Beziehungen zum Staate unterworfen sind. *Praediator, Praediatura, Lex praediatoria, Jus praediatorium* sind lauter zusammengehörige Begriffe. Ueber diesen Umfang des prädiatorischen Rechts ist man jetzt im Ganzen einig, obschon z. B. noch Rein[315]) und Burchardi[316]) anzunehmen scheinen, dass die ganze Lehre von

---

[313]) Cf. Huschke, Gaius p. 86 et 87, — Rudorff, Zschr. XIV, 440. Rein scheint mir hier vorzüglich im Irrthum zu sein.

[314]) Ueber die Prädiatoren im Ganzen s. Graevius I, § 5,

Heyne, § 11, *Quid praediator,* Zimmermann § 5 *De praediatoribus.*

[315]) In Pauly's Realencyklop. VI, 21.

[316]) Im Privatr. § 210 (II, 579).

der Bürgschaftsleistung durch Bürgen und Güter darin begriffen sei.

Namen haben ihre Geschichte. Bevor das prädiatorische Recht als dasjenige erkannt wurde, was es wirklich ist, hat es durch eine Reihe von Irrthümern durchgehen müssen, die nicht ohne Interesse sind. Im sechszehnten Jahrhundert hielt man das *Jus praediatorium* für denjenigen Theil der Rechtswissenschaft, welcher die Lehre von den Rechtsverhältnissen der Grundstücke, Gewässer, u. s. w. enthält. So Abramus,[317]) welcher meinte, es fänden sich im Justinianischen Rechtsbuche viele darauf bezügliche Titel, als da wären *De aqua quotidiana et aestiva*, u. dgl. So auch Goes[318]) und Baudouin,[319]) welcher letztere die Schriften der Feldmesser für prädiatorisch-rechtliche Abhandlungen und die von Publius Scävola gegebene Definition vom *Ambitus aedium*[320]) für ein Stück prädiatorischen Rechts hielt. Jacob Gothofred gab der achten Tafel des Zwölftafelgesetzes den Namen *Jus praediatorium* und stellte darin unter Andern die Vorschriften wegen der übergefallenen Baumfrüchte, u. s. w.[321]) Saumaise,[322]) Graevius,[323]) Ernesti[324]) erklärten *ius praediatorium* durch *ius ad praedia publica pertinens*. Richtiger und genauer bemerkt Heyne,[325]) dass es dem correcten Sprachgebrauch zufolge eigentlich *id ius* ist, *quod ad prae-*

---

[317]) Zu Cicero pro *Balbo* 20.
[318]) Zu Sueton, *Claudius* 9.
[319]) *De Jurisprudentia Muciana* (Ed. Gundling, Halle 1729) p. 15. *Jus praediatorium fuisse videtur de conditionibus et servitutibus praediorum, de aquaeductibus, de limitibus, et eius generis aliis quaestionibus, de quibus etiam nunc extant libelli Siculi Flacci, Julii Frontini, Aggeni Urbici, Hygini, et similium.*
[320]) Cic. *Top.* 4, 24... *Quoniam P. Scaevola id solum esse ambitus aedium dixerit, quo parietis communis tegendi causa tectum projiceretur, ex quo in tectum eius, aedes qui protexisset, aqua deflueret.*
[321]) Aus Plinius, *H. N.*, 16, 5; *L.* 30 § 4, *L.* 23, 6 § 1 *de V. S.* (50, 16).
[322]) Salmasius, *De Modo Usurarum* p. 739, 741.
[323]) Diss. § 2.
[324]) Ad Sueton. *Cl.* 9.
[325]) Diss. p. 9 ss.

diatores pertineat, quoque definiatur, quid illis in bonis rei publicae obligatis liceat; diese Bedeutung sei aber durch die Praxis erweitert worden, jedoch nicht so, dass, wie es Manche geglaubt, die Lehre von der Caution selbst darin begriffen sei. Das prädiatorische Recht, meint er, gehöre zum Privatrecht, — macht es doch ein Capitel aus im Edicte des Stadtprätors! Alles dagegen, welches sich auf Leistung der Bürgschaft, Annahme, Sufficienz bezieht, sei administrativer Natur, werde durch *leges censoriae* geregelt und habe mit dem prädiatorischen Rechte nichts zu schaffen.

74. Diese Theorie des Verfalls und der Wiederlösung der Güter war Gegenstand speciellerer Studien, und galt als verwickelt und schwer. Dass einige Rechtsgelehrte ihr Fach daraus machten, ist gewiss. In einem Briefe des Cicero vom Jahre 705[326]) erscheint C. Furius Camillus, ein feiner, eleganter Jurist und Cicero's Freund, als im prädiatorischen Rechte besonders bewandert. Ausserdem mochte darin Routine die Hauptrolle spielen. Q. Mucius Scävola, der Augur, pflegte diejenigen, die ihn in solchen Fragen um Rechtsbelehrung angingen, in der Regel an die Güterhändler Furius und Cascellius zu verweisen,[327]) nicht aus Gelehrtendünkel, wie Baudouin ganz irrig annimmt, sondern aus dem ganz einfachen Grunde, dass in einem speziellen und complicirten Fache Selbstübung und practische Anschauung wesentlich sind.[328]) Cicero führt dies als Beispiel an, um zu zeigen, wie weit man es bringen kann durch *assiduus usus uni rei deditus.*[329])

---

[326]) Cic. *Div.* V, 20, 3.
[327]) Cic. *Balb.* 20. Valer. Max. 8, 12, 1.
[328]) Wie ja heutzutage manche Prozessregeln und Kniffe untergeordneten Fachmännern geläufiger zu sein pflegen, als höher gebildeten Juristen.
[329]) Nach einer H. S. des Valerius Maximus hat man lange Zeit *praetorio* statt *praediatorio* gelesen, und so wurde Scävola als ein steifer Rechtsalterthümler dargestellt, der vom prätorischen Edicte nichts wissen wollte! So von Hotman, der später seinen Irrthum einsah. Gilbert Roy hatte das Verdienst, auf die

§ 36.
Das prädiatorische Gesetz und sonstige Normen.

75. Sueton, Gaius und das Stadtrecht von Malaga erwähnen eines Gesetzes, welches sie nach seinem Inhalte *Lex praediatoria* nennen.

Von diesem Gesetze steht nur folgendes quellenmässig fest:

a) Es räumte den Pächtern der römischen Staatssteuern die *Legis actio per pignoris capionem* gegen die Steuerpflichtigen ein.

Gai. IV, 28. Lege autem introducta est pignoris capio velut lege XII Tabularum adversus eum qui hostiam emisset nec pretium redderet; item adversus eum qui mercedem non redderet pro eo iumento quod quis ideo locasset, ut inde pecuniam acceptam in dapem, id est in sacrificium impenderet; item lege praediatoria[330]) *data est pignoris capio publicanis vectigalium publicorum populi romani adversus eos qui aliqua lege vectigalia deberent.*

b) Das prädiatorische Gesetz ordnete ferner das Executionsverfahren gegen die Bürgen und Sachverständigen an, und zwar

---

richtige Lesart zuerst aufmerksam zu machen, im Jahre 1564, in seinem Buche *Evavtioqavwv Juris civilis*, I, 27. (Otto II, 1494).

[330]) Vor Auffindung des *Aes Malacitanum* sind zahlreiche Vermuthungen über den im Palimpsest halb verwischten Namen des Gesetzes aufgestellt worden. Klenze wollte *lege quaque toria*, d. h. *Thoria*, Goeschen las *plaetoria*, Dirksen mit dem grössten Schein der Wahrheit *censoria*. Beim jetzigen Zustande der Quellen scheint Mommsen's und Böcking's Restitution *praediatoria* keinem Zweifel unterliegen zu ,dürfen. Doch besteht Huschke in seiner *Jurisprudentia Anteiustinianea* (1861) auf *Plaetoria*, und schreibt das von Gaius erwähnte Gesetz jenem Tribunen M. Plaetorius zu, nach welchem die *Lex Plaetoria iudiciaria* benannt ist.

vorerst die Bedingungen des ersten Licitationstermins, welche auf prädiatorischer Rechtsübung beruhten, woher auch dieser erste Verkauf in einem engeren technischen Sinne als *venditio e lege praediatoria* bezeichnet wird.

> Mal. 64.... *Eosque praedes eaque praedia eosque cognitores, si quid eorum in quae cognitores facti erunt, ita non erit, qui quaere soluti liberati soluta liberataque non sunt non erunt aut non sine dolo malo sunt erunt.* .... *vendere legemque his vendendis dicere ius potestasque esto; dum eam legem iis rebus vendendis dicant, quam legem eos, qui Romae aerario praeerunt, e lege praediatoria praedibus praediisque vendendis dicere oporteret...*

Im Falle eines erfolglosen ersten Termins, verordnete die *lex* zu einem zweiten Termine überzugehen, mit veränderten Bedingungen.

> .... *aut si lege praediatoria emptorem non inveniet, quam legem in vacuum vendendis dicere oporteret...*

Sueton (im Leben des Claudius, im 9. Capitel), sagt vom späteren Kaiser Claudius:

> *Ad eas rei familiaris angustias decidit, ut quum obligatam aerario fidem liberare non posset, in vacuum lege praediatoria venalis pependerit sub edicto praefectorum.*

Das Band ist verloren, welches die von Gaius angegebene Bestimmung des Gesetzes mit denjenigen Bestimmungen verknüpfte, welche aus Sueton und dem Stadtrechte hervorgehen. Nur Vermuthungen können diese Lücke ausfüllen. Gaius sagt, die *lex* habe die solenne Pfändung in dem speziellen Falle, den er angiebt, eingeführt. Der äussere Entstehungsgrund dieser den Steuerpächtern so günstigen Neuerung darf vor Allem im Gesetze selbst gesucht werden. Es ist nicht naturwidrig, dass in dem Volksschlusse, welcher die Verwirklichung der dem Staate von den unmittelbaren Staatsschuldnern gestellten Sicherheit auf festen und strengen Grundlagen organisirte, auch wiederum für Sicherung dieser **unmittelbaren** Staatsschuldner den mittelbaren Schuldnern des Staats gegenüber einige Massregeln getroffen worden seien.³³¹)

Das prädiatorische Gesetz, als ein Ganzes, als *ein System aufgefasst, enthielt wahrscheinlich noch mehrere correlativen Anordnungen, unter welchen diejenigen, welche sich auf die Pächter vom Staate bezogen, wohl zu den wichtigsten gehören mussten. Wenn man auch nicht, wie Heyne, die Sicherheitsleistung der Steuerpächter für den ursprünglichen Fall der *cautio praedibus praediisque* hält, so ist doch jedenfalls, wie oben schon gesagt, der Einfluss der Usancen hier nicht zu verkennen.

Das Datum des Gesetzes ist nicht überliefert; dass es aus der Legisactionenzeit herrührt, liegt in der Natur der Sache.³³²) Weiter gebaut wurde auf dem Gebiete des prädiatorischen Rechts durch das prätorische Edict, welches einen Titel „Von Prädiatoren" enthielt,³³³) und später durch das Edict der Aerarvorsteher.³³⁴) Vor allem aber muss hier die Praxis unmittelbar eingewirkt haben.³³⁵)

---

³³¹) Reale Sicherung des Publicanen bleibt immer, wenn nicht Hauptzweck, doch Endresultat der Legisaction *per pignoris capionem*. Wenn mittelbarer Zwang und Büssung in der feierlichen Pfändung vorzüglich enthalten sind, wie Degenkolb hervorhebt, (*Lex hieronica* p. 101) so läuft doch dies Alles auf Sicherung des Publicanen hinaus. In dem Umstande, dass der säumige Steuerschuldner ausser dem geschuldeten Betrage auch noch einen Zuschlag zahlen musste, um die ihm abgepfändete Sache einzulösen, lag eine Verschärfung, welche der Sicherheit der Publicanen nur günstig sein konnte. Der oben angedeutete Zusammenhang wird noch dadurch betätigt, dass das uralte Pfändungsrecht der Magistrate, welches dem Inhalte des *Legis actio* am Nächsten steht, den Zuschlag gar nicht kennt. Degenkolb, p. 102.

³³²) Dernburg setzt es in die letzten Zeiten des altförmlichen Prozesses; Degenkolb: „ohne Zweifel vor Sicilien's Eroberung."

³³³) L. 24 *de I. D.* (2:3, 3). *Gaius ad Edictum Praetoris Urbani, Titulo de Praediatoribus*. Haloander wollte: *Paulus libro I ad Plautium*. Dieser Titel *De Praediatoribus* mochte wohl auf den Titel *De publicanis* folgen.

³³⁴) *Mal.* 64. Sueton *Cl.* 9.

³³⁵) *Leges Censoriae*, u. dgl.

Uebrigens sind die Ansichten der Gelehrten über die Bedeutung der Wörter *lex praediatoria* sehr getheilt. Viele sehen darin die Verkaufsbedingungen bei der Execution gegen die Bürgen, was an sich verlockend, aber mit dem positiven Zeugnisse des Gaius[336]) nicht vereinbar ist. Heyne hielt *lex praediatoria* für durchaus gleichbedeutend mit *ius praediatorium*.[337]) Für Zimmern[338]) war es nur die auf den concreten Fall der dem Staate geleisteten Sicherheit angewandte *Lex fiduciae*, eine Ansicht, die mit seiner ganzen Grundanschauung zusammenhängt.

Die richtige Meinung ist schon von Graevius,[339]) dann von Mommsen[340]) und von Dernburg[341]) vertreten, und allein verträglich mit dem Wort- und Gedankenzusammenhang in Gaius.

---

[336]) Gaius IV, 28 l. — Umgekehrt hielt man früher die *Lex Locationis* im *Pseudo-Frontinus de coloniis* (111, 132, 137) für einen Volksschluss, so Goes, Rigault u. A.

[337]) Heyne, Diss. p. 7. Cf. Plin. *Ep.* 8, 14, 19. *Lex* und *Jus* werden bekanntlich vielfach *promiscue* gebraucht.

[338]) Zimmern, R. R. Untersuchungen, 292.

[339]) Graevius *Diss.* p. 8, p. 15. Er hält die *l. p.* für eine *lex lata qua cautum fuit, si praedes qui se obligaverant pro publicanis aut redemptoribus publicorum operum non solverent aut solvendo non essent, bona eorum qua mobilia qua immobilia venderentur.*

[340]) Mommsen, Stadtrechte 474. — Vgl. Rudorff, R. G. I, 103.

[341]) Dernburg, Pfandrecht p. 36.

CAPITEL II.

Die Lehre vom Verkauf.

§ 37.

Vorbedingungen und Veranstaltung des Verkaufs.

76. Die Schuld muss fällig sein: das ist die einzige Bedingung, welche erfüllt sein muss, damit Verkauf eintreten könne. Aber unmittelbar nach dem Verzug, ohne erst ein Urtheil erwirken zu müssen, konnte dazu geschritten werden. Dies ist die Folge der publizistischen Natur der Prädalcaution und was vom alten Handanlegungsverfahren übrig geblieben.[342])

Wann die Schuld fällig war, hing natürlich vom einzelnen Fall und von der Gattung ab, zu welcher das Geschäft, welches die Verbürgung veranlasst hatte, gehörte. Bei Gelddarlehen war wohl immer ein Termin vom Staate festgesetzt,[343]) für die Geldbussen, Einnahmen u. s. w. war ein gesetzlicher Termin.[344]) Bei öffentlichen Lieferungen war dann die Schuld fällig, wenn die Erfüllung nicht contractmässig geschehen war und das Interesse nicht prästirt wurde.[345]) Was die Cognitoren betrifft,

---

[342]) S. Bachofen, Pfandrecht p. 220, 221. Mommsen, Stadtr. 472. ff. Zimmermann S. 44. Vgl. oben § 3, § 7.

[343]) Tac. *Ann.* 6, 17. *V. supra* § 9, n. 82.

[344]) Vgl. *L. agr.* c. 34. *V. supra* § 13, 32.

[345]) Zimmermann p. 30.

so waren sie der Execution verfallen, wenn sich ihr Spruch als unwahr erwiesen, *si quid eorum, in quae cognitores facti erunt, ita non erit;*³¹⁶) dass sie erst dann angegangen wurden, wenn der Staat sich aus dem Bürgenverkauf nicht hatte befriedigen können, liegt in der Natur der Sache.³¹⁷)

Dass Fristen gewährt werden konnten, versteht sich von selbst. So sehen wir, dass durch ein Decret Cäsars dem aus der *sectio* der Pompejischen Güter dem Staate verschuldeten Antonius eine kurze Frist zur Zahlung vergönnt wurde, *paucis tibi ad solvendum propter inopiam tuam praerogatis diebus*. Er war als Hauptschuldner verpflichtet; dasselbe gilt aber jedenfalls von dem Verkauf der Forderung gegen den *praes*.³¹⁸)

Ueberhaupt musste dem Magistrate, welcher den Verkauf leitete, wie demjenigen, welcher die Caution angenommen hatte, eine gewisse Freiheit zustehen; er wurde mehr durch Verwaltungsmaximen und durch Brauch beschränkt, als durch gesetzliche Bestimmungen.

So mag z. B. Anzeige an den Bürgen oder Cognitor, bevor zum Verkauf geschritten wurde, üblich gewesen sein.³¹⁹)

77. Die Einziehung des Sacraments von den *praedes sacramenti* soll nach Festus Sache der *Tresviri Capitales* gewesen sein, welche mit Aufsicht und Leitung des Gefängnisswesens, Handhabung der Criminalpolizei und Execution der Strafurtheile betraut waren. Diese Competenzerrichtung schreibt Festus jenem aus unbestimmter Zeit herrührenden jedenfalls sehr alten Papirischen Gesetze zu, welchem nach Puchta auch die Sacramentsbürgen ihren Ursprung zu verdanken hätten.³²⁰)

---

³¹⁶) *Mal.* 64.

³¹⁷) Zimmermann p. 44. Danach gestaltet sich im einzelnen Fall das Verhältniss den *venditio cognitorum* zur *venditio in vacuum*.

³¹⁸) Cic. *Phil.* II, 29, 31. cf. supra § 32, 68.

³¹⁹) Analogie der *L. Jul. Mun.* 35: „*iisque, quorum ante aedificium ea via erit procuratoribusve eorum domum denuntietur facito, se eam viam locaturum et quo die locaturus sit.*

³²⁰) v. supra § 10, 24.

Festus V° Sacramentum.

Sacramentum aes significat, quod poenae nomine penditur, sive eo quis interrogatur, sive contenditur, cet.... Qua de re lege L. Papirii tribuni plebis sancitum est his verbis: Quicumque praetor posthac factus erit, qui inter cives ius dicet, III viros capitales populum rogato, hique III viri sacramenta exigunto iudicanto, eodemque iure sunto, uti ex legibus plebeique scitis exigere iudicareque esseque oportet.

Wenn wir sagen, dass die Beitreibung der Sacramente nach prädiatorischem Recht geschah,[331]) so darf dies nur in dem Sinne aufzufassen sein, dass die Sacramentsbürgen der unmittelbaren Execution, Folge der publizistischen Verbindlichkeit, anheimfielen. Hierzu passt vollkommen die Competenz der *Tresviri capitales*, und deren wahrscheinlicher Vorgänger, der *quaestores paricidii*, in deren Geschäftskreis ja Ahndung des Treubruchs gehören musste.[332])

Das *iudicanto* im Festus bezieht sich im Allgemeinen auf alle hiebei möglicher Weise vorkommenden Fragen und Streitigkeiten, über Verfall, Zuweisung an die oder jene *sacra*, u. s. w.[333]) Auf den Bürgen kann es sich nicht beziehen, und zwar nicht, wie Puchta meint,[334]) weil es nach *exigunto* steht, sondern weil der *praes*, als publizistisch obligirt, schon *iudicatus* ist, also kein Urtheil mehr stattfinden kann.

Wie die Stadtquästoren als Vorsteher der Staatskasse den Verkauf der Staatsländereien, der Kriegsbeute, der dem Staate verfallenen Gütermassen zu leiten hatten, — so waren dieselben, zu der Zeit, welche man die klassische Epoche der *cautio praedibus praediisque* nennen darf, regelmässig auch mit

---

[331]) Rudorff, R. G. II, § 21, p. 77.

[332]) Hotman wollte statt *III viri capitales* lesen *monetales*. Warum sollten aber Schuldsachen den „*Aeris argenti auri flatores*" näher gelegen haben, als den Kerkerherrn? v. Hotm. *Comm. de V. J.*, und *Comm. de legibus*, V° *Papiria*.

[333]) Rudorff, l. l. p. 78.

[334]) Puchta, S. § 161, n. g.

dem Verkaufe der „*Praedes praediaque*" betraut.³⁵⁵) Unzweifelhaft wird dies durch die Rolle der späteren Aerarvorsteher, welche vom Stadtgesetze als dem Verkaufe der Bürgen in Rom vorstehend positiv bezeichnet werden.³⁵⁶) Ihnen stand bekanntlich eine allgemeine Juridiction in Aerarsachen zu.³⁵⁷)

In Malaga sollten bei der Leitung des Verkaufs beide Duovirn mitwirken. War aber der eine Duovir verhindert, so sollte der Andere durch Beschluss von zwei Dritteln der Rathsherren ermächtigt werden, den Verkauf allein vorzunehmen.

Mal. 64. ... *II viri qui ibi iure dicundo praeerunt ambo alterve eorum ex decurionum conscriptorumque decreto, quod decretum cum eorum partes tertiae non minus quam duae adessent, factum erit.*³⁵⁸)

78. Der stattzufindende Verkauf wurde bekannt gemacht durch einen öffentlichen Anschlag auf dem Aerar, welcher, jedenfalls im Anschluss an das prädiatorische Gesetz und an das Edict, Thatsache, Gegenstand, Tag, Nebenbestimmungen u. s. w. des Verkaufs angab. Das *Edictum Praefectorum*, von welchem Sue-

---

³⁵⁵) Becker-Marquardt II, 2, 348. Rudorff, I. L. p. 307. Die Eigenschaft der Quästoren als eigentliche Steuer- und Kassenbeamten des Staats scheint hier das Vorherrschende sein zu müssen. Sonst könnte man, von der Analogie der Locationen ausgehend, die Censoren eher als die Quästoren, als damit beauftragt ansehen.

³⁵⁶) *Mal. 64.* cf. Sueton *Cl. 9 sub edicto Praefectorum.*

³⁵⁷) Ulpian bezeugt im V. Buche *De omnibus Tribunalibus*, dass Transactionen über Alimente, die der Volkskasse geschuldet werden, bei den Aerarvorstehern zu schliessen sind, *L. 8 § 15 De transact.* (2, 15) Dieselben Magistrate waren competent in Streitigkeiten über *Loca publica*, in Fideicommiss- und Caducitätssachen, u. s. w.

³⁵⁸) Dies ist der natürlichere Sinn dieser Stelle; indessen könnte man den Beschluss des Raths auch auf den Fall beziehen, wo beide Duovirn den Verkauf leiten, was gezwungener und auch innerlich nicht recht begründet wäre. Cf. Dernburg p. 36.

ton spricht, ist das allgemeine Schema des Verkaufs, das Blankett, welches im concreten Fall ausgefüllt wurde.[359])

Der Zustand derjenigen, deren Namen auf diese Weise angeschlagen sind, wird bezeichnet mit *pendere apud aerarium, venalis pendere*.[360])

§ 38.
Erster Termin.

79. Das Stadtrecht von Malaga unterscheidet scharf *venditio lege praediatoria* von *venditio in vacuum*. Jene bildet den ersten Termin, und ist der regelmässige, ordentliche Verkauf, wie er durch das prädiatorische Gesetz, durch die prädiatorische Uebung geregelt, ordentlicher Weise vor sich gehen soll. Der zweite Verkaufstermin ist nur eventuell, und wenn er einmal von Sueton auch „*lege praediatoria*" benannt wird,[361]) so soll das blos bedeuten, dass die Forderung feil geboten wurde, nicht wie bei der Publication die Güter, oder gar die Person selbst des Claudius.[362])

Im ersten Termin werden Forderung und Pfandrecht *al pari* ausgeboten, das heisst, der Käufer muss dem Staate diejenige Summe bezahlen, welche der „Verkaufte" schuldig war.

---

[359]) Sueton *Cl.* 9. *Postremo etiam sestertium octogies pro introitu novi sacerdotii coactus impendere, ad eas rei familiaris angustias decidit, ut quum obligatam aerario fidem liberare non posset, in vacuum lege praediatoria venalis pependerit sub Edicto Praefectorum.* Graevius fügt p. 15 *Diss. l.* hinzu: *Edictum Praefectorum quo proscribebantur bona praediati affixum erat pilae vel columnae. Sub eodem autem Edicto pendebat funiculo adnexa tabella, quae bona ipsa, qualia essent, ubi sita, et quanta, declarabat.*

[360]) Sueton l. l. et *Dom.* 9. *Reos, qui ante quinquennium proximum apud aerarium pependissent, universos discrimine liberavit.*

[361]) Sueton l. l.

[362]) Rudorff, R. G. II, p. 309, n. 15.

Dem Staat kommt es darauf an, das ihm **Geschuldete** zu erlangen; Profit machen, speculiren, ist seine Sache nicht, sondern die des Käufers, wenn dieser namentlich sein Gewerbe daraus macht. Von einer Versteigerung wird also in diesem Termin nicht wohl die Rede sein können. Wem der den Verkauf unmittelbar leitende Beamte addicirt, lässt sich also nicht nach einem Meistgebot bestimmen; vielleicht galt bei sonstiger Gleichheit das Prävenire.[363]

Wesentlich ist hier, dass der Verkaufte **zum Mitbieten zugelassen und darin bevorzugt** wurde. Wenn der Bürge mit bot, so wurde er den andern Kauflustigen vorgezogen, was sich wohl zu einer Art von Retractrecht gestalten konnte;[364] Heyne nennt dies Recht des Bürgen ein *ius προτιμήσεως sive praelationis*.[365] Cicero drückt es so aus: *ut optima conditione sit is, cuia res sit, cuium periculum*, und stellt es als ganz allgemeinen Brauch auf, *illa consuetudo in bonis, praedibus praediisque vendendis, omnium consulum, censorum, praetorum, quaestorum denique*.[366] So konnte der Bürge noch zur letzten Stunde den Staat befriedigen und die Folgen der Execution abwenden.

Dieselbe billige Praxis galt auch in anderen Verhältnissen; Cicero holt sich eben ein Beispiel aus unserem Bereich, um zu zeigen, wie unbillig Verres bei der Wiederverdingung öffentlicher Arbeiten im neuen Aufgebotstermine verfahren sei, — „*a congruo concludit*," sagt schon Ferratius.[361] Ebenso sehen

---

[363] Zimmermann p. 45, *ad fin*. — Ganz anders natürlich Dernburg, Pfdr. p. 37. Von einem Ueberschuss kann bei unserer Auffassung natürlich nicht die Rede sein.

[364] Vgl. Zimmermann p. 44. Rudorff, l. l. p. 306, n. 15. Dernburg p. 36.

[365] Heyne, Diss. p. 11, 27.

„*ut, si quid emere vellent, potiori quam reliqui iure uterentur.*"

[366] Cic. Verr. II, 1, 54; III, 7.

[367] Dass diese ganze sogenannte *Causa Juniana* von den Meisten gänzlich missverstanden worden ist, ist bekannt. Lange hat man geglaubt, das ganze von Cicero beschriebene Verfahren sei eben die *venditio praedum*

wir z. B., dass eine dem Publicanen wegen Zolldefraudation verfallene Sache vom Eigenthümer wieder erstanden werden kann,[368] und derselbe Gedanke thut sich noch in anderen Anwendungen kund.[369]

80. Baarzahlung wird von den Meisten als diesem Verkauf eigen angeführt. Dies ist aus dem 35. Capitel des Ackergesetzes keineswegs zu erweisen, da hier von Forderungsverkauf nicht die Rede ist. Eher noch möchte ein Beleg dafür in den Schlussworten des 64. Abschnitts im Stadtgesetze zu finden sein: .... *„dum ita legem dicant, ut pecunia[m in fore] municipii Flavii Malacitani referatur luatur solvatur."* Für das unverständliche *m in fore*[370]) liest Laboulaye *in foro*, was auf Baarzahlung schliessen lassen könnte. Dernburg schlägt *in publ.* für *in publicum* vor, was schon nach Mommsen dem Zusammenhange nach zu erwarten ist;[371]) demnach wäre das Kaufgeld in die Stadtkasse einzureichen; darin ist aber Baarzahlung noch nicht enthalten. Ob hier endlich die Analogie des *pignus in causa iudicati captum*, welches baar verkauft wurde,[372]) gewichtiger ist, als die des Sectionsverkaufs, bei

---

praediorumque. Cf. Huschke, Zschr. XIV, p. 269 n. — Mommsen, Stadtrechte 475. Die richtige Erklärung giebt Zimmermann, der die Sache S. 28—34 so erschöpfend bespricht, dass sie als definitiv abgemacht gelten darf. Dernburg's Auffassung S. 43 ist gezwungen. Man darf nicht so leicht annehmen, dass der Redner „in rhetorischer Erregung ... sofort die Folge als Zweck und Inhalt des Geschäfts bezeichnet habe."

[369] L. 11 § 4 *de public.* (D. 39, 4).

[370] L. 33 § 1 *de rebus auct. iud.* (42, 5) u. A. m.

[371] Mommsen Stadtrechte p. 385.

[371] Mommsen l. l. Giraud, p. 17. Der Malacitanische Schreiber konnte wohl *fore* für *foro* schreiben; aber *pecuniam* statt *pecunia* scheint uns doch bedenklicher als Andern, z. B. Dernburg, p. 37.

[372] L. 15 § 7 *De Re Judicata* (42, 1)... *Oportet enim res captas pignori, et distractas praesenti pecunia distrahi, non sic ut post tempus solvatur.*

welchem Baarzahlung nicht erfordert wurde,[313]) ist wenigstens sehr fraglich. Am Wichtigsten ist das Bedenken, welches aus dem erwogenen Bedürfnisse des Staats entspringt. Sollte die Staatsforderung anstatt bezahlt und erledigt zu werden, eigentlich nur eine andere Gestalt annehmen und statt einer Forderung aus dem Geschäfte *a* gegen den Bürgen oder Sachverständigen *A* zur Forderung aus dem Verkauf der ersten gegen den Prädiator *B* oder gar gegen dessen Bürgen werden? Die Zufriedenstellung des Staats kann nicht unbestimmt hinausgeschoben worden sein. Andererseits spricht der 65. Abschnitt des Stadtrechts von *Praedes* der Prädiatoren,[314]) und man sieht nicht recht ein, wozu Bürgen nöthig sein können, wo baar bezahlt worden ist, also keine Schuld vorliegt! Diese Schwierigkeit kann nur dadurch gelöst werden, dass man das administrative Ermessen des Magistrats und die Berücksichtigung der einzelnen Fälle vor Augen behält.[315]) In gewissen Fällen mochte eine Frist zur Zahlung der oft sehr grossen Kaufsummen gestattet, und dafür Bürgschaftsleistung verlangt werden; aller Wahrscheinlichkeit nach war auch Ratenzahlung zulässig; erwünschter jedenfalls und vielleicht regelmässig war Baarzahlung. Diese Rücksichten mussten naturgemäss auf die Wahl des Adjudicatars einwirken.[316])

---

[313]) Cf. Cic. Phil. II, 29, 71... *appellatus es de pecunia, quam pro domo, pro hortis, pro sectione debebas*.

[314]) cf. *infra* § 41.

[315]) cf. *supra* § 37, 76. Selbstverständlich ist es, dass wenn der Bürge mitbietet und vorgezogen wird, er baar bezahlt.

[316]) Vgl. überhaupt Rudorff, a. a. O. p. 308, n. 15. Bachofen, p. 219. Zimmermann p. 45. Dernburg, p. 37.

§ 39.
Zweiter Termin.

81. Findet sich kein Käufer *al pari* vor, so wird ein zweiter Termin proscribirt, welcher technisch als *venditio in vacuum* bezeichnet wird.[311])

Erste Bedingung zum Stattfinden der *venditio in vacuum* ist also Misslingen des ersten Termins, *si lege praediatoria emptorem non inveniet*, *Mal. 64*. Der Staat muss jetzt darauf verzichten, den Gesammtbetrag seiner Forderung einzulösen, und begnügt sich nunmehr mit Prozenten. Die Forderung nebst Pfandrecht wird **unter Pari** versteigert und dem **Meistbietenden** addicirt. Von Mitbieten des Bürgen kann jetzt nicht mehr wohl die Rede sein.[318])

In der bekannten Stelle des Suetons, in welcher es von Claudius heisst, dass er „*in vacuum lege praediatoria venalis pependerit sub Edicto Praefectorum*" hat das *in vacuum* den Philologen und Juristen viel zu schaffen gemacht, bevor die Bronce-Tafel von Malaga aufgefunden wurde. Es bedeutet offenbar so viel wie *nullo pretio praestituto, temere, pro licitationis exitu*,[319]) und steht in sprachlichem Zusammenhang mit *vacua possessio, bona vacua*, u. dgl. Bachofen leitet diesen Ausdruck ab von der in den öffentlichen Büchern neben dem Schuldposten für die Quittung offengelassenen Stelle, und hält ihn für gleichbedeutend

---

[311]) Sueton *Cl. 9. Mal. 64*.

[318]) Wenn Zimmermann, p. 47, sagt, dass sich der zweite Termin nur durch die Summe, welche von dem Prädiator an den Staat bezahlt wurde, vom Verkauf im ersten Termin unterschied, so übersieht er dabei, dass Versteigerung zum Wesen der v. in *vacuum* gehören muss. Dernburg p. 37 sagt richtig, „der Staat sucht zu erlösen, so viel als noch möglich und zu so günstigen Bedingungen als möglich." Cf. Rudorff, a. a. O. S. 309.

[319]) Zimmermann, p. 47.

mit „wegen Nichtbezahlung", was zu seiner Auffassung des Verkaufs passt.³⁸⁰) Saumaise und Graevius erklären *in vacuum* mit *frustra*, und meinen, die Güter des Claudius wären vergeblich angeschlagen worden, es habe sich kein Käufer gemeldet.³⁸¹) Auch hat man das *in vacuum pendere* von dem „in der Luft Schweben des Schilds" verstehen wollen.

Huschke macht aus der *Lex in vacuum vendendis* des Stadtgesetzes eine *lex vacuaria*, welche er im *fragmentum de Jure fisci* § 5 wiederzufinden glaubt.³⁸²)

---

³⁸⁰) Bachofen, p. 219, n. 14.
³⁸¹) Originell ist folgende Bemerkung des Graevius, p. 12. *Frustra autem Claudii bona proscripserunt praefecti aerario, quia nullum emptorem inveniebant, quia Claudius erat patruus imperatoris Cai Caligulae. Verebantur enim, ne aut propter necessitudinem Imperatoris, aut si Claudius ipse ad imperium perveniret, pecuniam hanc perderent, et hoc est in vacuum pendere, nimirum frustra pendere."*

³⁸²) In der *Jurisprudentia Anteiustinianea* 1861. — zum *fr. de Jure fisci* § 5.

CAPITEL III.

Rechtsverhältnisse nach dem Verkauf.

A. Rechtswirkungen des Verkaufs.

§ 40.

Ueberhaupt.

62. Die Wirkung des ursprünglichen Verkaufs des Staatsschuldners war derjenigen des Verkaufs der *nexi* und der *damnati* gleich.[343]

Es ist anzunehmen, dass eine Zeitlang directe *bonorum venditio* von Seiten des Staats stattfand, bevor sich der Forderungskauf ausbildete.[344]

Nachdem dieser aufgekommen war, übertrug fortan der Staat auf den Käufer sein Recht auf das gesammte Vermögen des Bürgen, und das Pfandrecht an den subsignirten Grundstücken. Darin war vorerst das Recht der Einziehung enthalten, das Recht sich aus dem Vermögen bezahlt zu machen. Ganz

---

[343] v. *supra* § 4.
[344] v. *supra* § 32, 66. Zimmermann p. 51. „*Cum antiqui-tus omnes praedia facultates revera emtoris veluti sectoria fierent.*"

124 Rechtswirungen des Verkaufs. Ueberhaupt § 40.

gleich ist dabei, ob im zweiten oder im ersten Termin verkauft worden ist, ob *in vacuum* oder *lege praediatoria*.

Wie lässt sich das Recht des Käufers an dem Vermögen selbst juristisch auffassen? Hier ist fast Alles leere Vermuthung. Doch darf man mit einer ziemlichen Sicherheit annehmen, dass eine bestimmte Frist festgesetzt wurde, binnen welcher der Bürge den Prädiator zu befriedigen hatte; bezahlte er nicht binnen dieser Frist, so unterliegt es wohl auch keinem Zweifel, dass der Käufer die *bonorum venditio* veranstalten konnte.[385] Waren Grundstücke subsignirt, so waren sie einfach als Pfänder zu verkaufen; ob vor Eröffnung des Verkaufs der anderen Vermögenstheile, ist uns nicht überliefert; wahrscheinlich ist es jedenfalls.

Bezahlte aber der Bürge, resp. der Cognitor, rechtzeitig, was er dem Käufer schuldig war, so wurde er jedenfalls frei, erhielt also die Verfügung über sein Vermögen wieder.[386] Dies scheint so sehr die Regel gewesen zu sein, dass Gaius, wie schon bemerkt worden, selbst nach geschehenem Verkauf denjenigen dessen Güter verkauft sind, noch *dominus* nennt.[387] So gestaltete sich nach und nach das Recht des Käufers an dem Vermögen des *venditus* ganz so wie das Recht des *fiduciarius creditor* an der ihm *sub pacto fiduciae* mancipirten Sache, wie ein fiduciarisches Eigenthum.[388] Der innere Grund dieser Umwandlung war das Durchgreifen der „Schuldeinziehung", welche die „Ahndung des Treubruchs" nunmehr gänzlich verdrängt hatte. So darf man sich nicht wundern, wenn später eintretende Rechtsverhältnisse unter die Lehre der *fiducia* gebracht wurden.[389] So werden auch die unter *R. 65 Mal.* gebrauchten Ausdrücke, „*recte agere, petere*..." leicht erklärlich und natürlich.[390]

---

[385] Zimmermann p. 52. Rudorff a. a. O. Anm. 16.

[386] Z. 51. „*Poterat igitur praediator cogi, ubi primum satis ei factum esset, bonorum domicium restituere*...

[387] Gai. II, 61.

[388] Zimmermann p. 51.

[389] S. unten § 43.

[390] Zimmermann p. 50.

63. Noch weniger klären uns die Quellen darüber auf, worin denn der Profit der Prädiatoren bestand? Wahrscheinlich erhielt der Käufer durch den Verkauf das Recht sich vom Bürgen ausser der dem Staate geschuldeten Summe³⁰¹) noch einen gewissen Zuschlag geben zu lassen, etwa in der Form von Prozenten. Er hatte wohl jedenfalls den Niesbrauch des Vermögens, die Früchte der Grundstücke während seines Besitzes, u. dgl.³⁰²) Sein Gebot hatte der *praediator* selbstverständlich nach der Kenntniss, welche er vom Vermögen des *venditus* hatte, eingerichtet.

§ 41.
Rechte des Käufers.

84. Die 65. Rubrik des Stadtgesetzes von Malaga ist betitelt: „Von der aus dem rechtmässig geführten Forderungskauf zu gewährenden Rechtsfolge," eigentlich „Von der Rechtsfolge nach den besagten Rechtsvorschriften über Bürgenverkauf", „*ut ius dicatur e lege dicta praedibus praediisque vendundis*". Es kann sich hier also um Nichts anders handeln, als um die Folgen des Verkaufs, denn die Art und Weise, wie das Executionsverfahren vor sich gehen soll, ist schon in dem 64. Abschnitt beschrieben.³⁰³)

R. *Ut ius dicatur e lege dicta praedibus praediisque vendundis.*

LXV. *Quos praedes quaeque praedia quosque cognitores*

---

³⁰¹) Ich halte es für eine irrige und dem Character des „*praedes praediaque vendere*" geradezu entgegengesetzte Vorstellung, wenn Zimmermann, p. 51, als Kern der dem Prädiator vom Bürgen zu entrichtenden Summe „*summam ab hoc populo solutam*" aufstellt.

³⁰²) Zimmermann a. a. O.

³⁰³) *E lege dicta* ist mit *praedibus praediisque vendundis* zusammengehörig. Man darf nicht etwa lesen: „*Ut ius dicatur ... praedibus praediisque vendundis*".

II viri municipii Flavii Malacitani hac lege vendiderint, de iis quicumque iure dicundo praeerit, ad quem in ea re in ius aditum erit, ita ius dicito iudiciaque dato, ut ii, qui eos praedes cognitores ea praedia mercati erunt, praedes socii heredesque eorum iique, ad quos ea res pertinebit, de iis rebus agere easque res petere persequi recte possint.

Dieses „*eas res,*" „*de iis rebus*" ist auf das Vermögen der *praedes* resp. *cognitores* und auf die *praedia* zu beziehen; so heisst es auch unter der vorhergehenden Rubrik, „*dum eam legem iis rebus vendendis dicant.*" „*Ii qui eos praedes cognitores ea praedia mercati erunt*" sind die Prädiatoren.[294]) Die *praedes socii*, die *heredes*, diejenigen *ad quos ea res pertinebit*, können nur Gesellschaftsgenossen, Bürgen, Erben, und sonstige Interessirten der Prädiatoren sein.

Vorliegender Abschnitt sagt also vorerst, dass der Prädiator von jedem betreffenden Magistrat die **Klagen** erhalten soll, welche zur **Realisirung** der ihm vom Staate cedirten Forderung dienen,

„*ut ii .... de iis rebus agere easque res petere persequi recte possint.*"

Dass sich dies zur Hervorrufung der *bonorum venditio* und zum Verkaufe der Pfänder gestaltete, ist schon bemerkt. Saumaise[305]) glaubte in einer Stelle des Manilius[296]) ein Recht der *venditi* zu erkennen, dem Käufer *cognitores et procuratores* zu stellen, welche über Ausscheidung der zu verkaufenden Sachen mit ihm rechten sollten; Gronovius hat ihn aber widerlegt.[307]) Dass **Dotalgelder** und **Dotalsachen** nicht verkauft wurden, darf man aus den allgemeinen Regeln der *dos* und aus der *L. 54 de J. D.* (23, 3) schliessen:

Res, quae ex dotali pecunia comparatae sunt, dotales esse videntur.

---

[294]) S. oben § 34, Anm. 309.
[305]) Salmasius, *De Modo Usurarum* p. 830.

[296]) Manilius *Astron. V, 318.*
[307]) *De pecunia veterum* p. 272.
cf. Bentley, *Ad Manil. h. l.*

Diese Stelle ist von Gaius, aus dessen Commentar *Ad Edictum Praetoris Urbani De praediatoribus.*[398]) Es ist gestattet anzunehmen, dass es obige Bestimmung ist, welche den Juristen veranlasst, über Dotalgelder und Dotalsachen in Beziehung auf die Prädiatoren zu sprechen. Diese Vermuthung wird bestärkt durch die Analogie der Bestimmungen hinsichtlich des Vermögens der Fiscalschuldner in der Proclamation des Tiberius Julius Alexander.[399])

85. Die 65. Rubrik des Stadtrechts lehrt uns ferner, dass die hier erwähnten Klagen auch den **Erben** des Prädiator, **seinen Genossen, Bürgen,** und **sonstigen Interessirten** gewährt werden.

Mit dem Erben hat es keine Schwierigkeit. Anders verhält es sich mit dem *praes socius.* Dass die Prädiatoren als Publicanen Gesellschaften bildeten, ist nicht neu,[400]) dass sich aber in diesen Gesellschaften *praedes* befanden, ist vielfach aufgefallen, da man annahm, dass in der Regel baar bezahlt wurde.[401]) Man hat gefragt, ob *praes socius* als eine Person zu betrachten sei, oder man lesen müsse *praedes, socii....* Letzteres hat Mommsen,[402]) Dernburg hat das erstere vertheidigt.[403]) Eigentlich kommt beides auf eines und dasselbe hinaus. Denn wenn hier *praes* und *socius* zu lesen ist, so wird doch der Bürge, nach dem gewerbmässigen Betriebe des Ganzen, ein Genosse sein, und verbindet man *praes socius,* so sind jedenfalls die übrigen Genossen, die nicht Bürgen sind, unter den sonstigen Interessirten mitbegriffen. So räumt das Stadtrecht den Genossen des Käufers das Recht ein, sich vom Richter die Klagen geben zu lassen, welche jener aus dem Forderungskaufe auszuüben berechtigt war. Dies widerspricht allerdings den ge-

---

[398]) cf. *supra* § 36, n. 333.

[399]) *Edictum Tib. Al.* § 5. Tit. C. 10, 2, *de conveniendis fisci debitoribus.*

L. 9 § 6 ad L. Jul. pec. (48, 13). Rudorff, R. G. II § 93, n. 17. Heyne, Diss. l. p. 36 *in fine.*

[400]) Vgl. *supra* § 34, 70, n. 309, 72.

[401]) v. *supra* § 36, 80.

[402]) Mommsen, Stadtr. p. 460.

[403]) Dernburg, krit. Zschr. 1856, 84, 85. Cf. Cicero *pro domo* 18, 48. *Postremo ne in praedae*

wöhnlich angenommenen Regeln des Gesellschaftsvertrags. Deshalb eben war eine spezielle Gesetzesbestimmung für den *socius* nöthig, die für den *heres* überflüssig ängstlich scheint. Wie für den *socius argentarius* express bestimmt wurde, *ut solidum alter petere possit*,[104]) während nach der herrschenden Meinung der Gesellschaftsgenosse aus Gesellschaftsforderungen nur auf seine Quote klagen kann,[105]) so wird unter der G5. Rubrik für die Genossen der Prädiatorengesellschaften bestimmt, dass sie die Forderungen ihrer Genossen geltend machen dürfen.[106]) Die Ausgleichung zwischen den Gesellschaftern mochte ganz naturgemäss durch die Gesellschaftsklage erfolgen.

Wie Mommsen in R. G5 den „Regress des Bürgen, der den Staat befriedigt hat, gegen den Hauptschuldner" hat sehen können,[107]) ist vollständig räthselhaft. Dieser Annahme widerspricht ja der Wortlaut selbst des Gesetzes auf das Positivste.[108])

---

quidem societate mancipem aut praedem socium extra tuorum gladiatorum numerum, ... reperire potuisti. Praedem, socium würde eine höchst unelegante Satzbildung abgeben; andererseits möchte es gezwungen sein, wenn man beide Wörter verbinden würde.

[104]) S. die Citate bei Mommsen, Stadtr. 479, n. 60, — cf. 61.

[105]) v. n. 402.

[106]) Cf. L. 1 pr. § 2 *de loco publico fruendo (43, 9). — Praetor ait: Quo minus loco publico, quem is, cui locandi ius fuerit,* *fruendum alicui locaverit, ei, qui conduxit, sociove eius, e lege locationis frui liceat, vim fieri veto... Sed si simul veniant ad interdictum movendum, ipse, qui conduxerit, et socius eius, magis est, ut ipse conductor praeferatur.*

[107]) Mommsen, Stadtrechte p. 478, 479.

[108]) Zimmermann's Erklärung ist auch nicht klar. Er sieht zwischen R. 65 und L. agr. 100 eine frappante Aehnlichkeit, welche ich für mein Theil mit dem besten Willen nicht herauszufinden vermag. S. 49, 50.

§ 42.

Rechte des Bürgen gegen Hauptschuldner und Mitbürgen.

86. Wie sich der Regress des Bürgen, welcher freiwillig oder gezwungen dem Prädiator Genüge gethan hatte, gegen den Hauptschuldner gestaltete, ist uns nicht überliefert. Es ist aber nicht zu leugnen, dass ein Regress stattgefunden haben muss. Sehen wir doch in dem Junischen Falle, dass, nachdem der Bürge bezahlt hatte, der Hauptschuldner zu Grunde gerichtet war![409])

Ob aber dem Bürgen einfache *Actio mandati contraria*, oder eine der *Actio depensi* des *Sponsor* analoge Klage zustand, ist unbekannt. Letzteres dürfte das Wahrscheinlichere sein.[410])

Ueber das Verhältniss zu den *Compraedes* wissen wir nichts.[411])

B. Wiederlösung verkaufter Vermögensstücke.

§ 43.

87. Der Käufer befand sich, wie oben gezeigt worden ist, zum Vermögen des *venditus* in einer rechtlichen Stellung, welche

---

[409]) Cic. *Verr.* II, 1, 55, 144; 57, 150; 58, 152 ... *bonis patriis fortunisque omnibus spoliatus venit in iudicium* ... Zimmermann, p. 52. — Es scheint consequent, dem Sachverständigen, der ein falsches, unwahres Gutachten abgegeben hat, keinen Regress zu gönnen.

[410]) Man denke an das hohe Alter des Publilischen Gesetzes, an das darin vorgeschriebene Handanlegungsverfahren, und an die hie und da vorkommende Bezeichnung der *praedes* als *sponsores*.

Mommsen, p. 479, meint, „dass der *praes* alle Klagen die der von ihm verbürgte Mann hätte erheben können, gleich als wäre er sein Erbe geworden, anzustellen befugt war," und zwar als dessen *bonorum emptor*. Auch möglich! Aber dies darf nur nicht in *Mal.* 65 gesucht werden. v. *supra* § 41, Anm. 407.

[411]) Festus *hoc V*°. Zimm. 52.

derjenigen des fiduciarischen Eigenthümers zu der ihm *sub pacto fiduciae* mancipirten Sache gleich kam. Die Stellung des *venditus* dagegen war identisch mit der des alten Eigenthümers der fiducirten Sache; wenn er die Leistung, zu welcher er verpflichtet war, erfüllte, so erhielt er das aufgegebene Eigenthum wieder. So konnte auch die dem Fiduciarschuldner zustehende *usureceptio* auf diesen der *fiducia* analogen Fall angewendet werden.[412]) Die *Usureceptio ex praediatura* ist die **Wiedererlangung eines prädiatorisch-rechtlich verfallenen Vermögensstücks** von Seiten des früheren Eigenthümers, dem Käufer der Staatsforderung oder dessen Rechtsnachfolger gegenüber.[113])

Gaius II, 61. Item si rem obligatam sibi populus vendiderit, eamque dominus possederit, concessa est usureceptio: sed hoc casu praedium biennio usurecepitur: et hoc est quod volgo dicitur Ex praediatura possessionem usurecipi: nam, qui mercatur a populo, Praediator appellatur.

88. Ein einziger Unterschied von der *usureceptio fiduciae* wird angegeben. Es herrscht nämlich hier nicht wie dort und wie bei der *pro herede usucapio* ein einförmiger Zeitraum von einem Jahre, sondern die allgemeine Regel tritt wieder ein: *soli res biennio, ceteras anno usucapi*. Das darf nicht auffallen; die Analogie der *fiducia* hat allerdings die Anwendung der *Usureceptio* auf dies Gebiet veranlasst, aber diese Analogie ist rein äusserlich und lässt das innere Wesen beider Institute unberührt. Was die einjährige Frist bei der *hereditatis usucapio* und bei der *usureceptio fiduciae* rechtfertigen sollte, war die äusserliche buchstäbliche Interpretation, wonach *hereditas* und *fiducia* nicht *res soli*, sondern *ceterae res* sind. Nichts dergleichen bei der Wiederersitzung aus dem Prädiatorenkauf. Subsignirte Grundstücke und sonstige Vermögenstheile lassen sich, namentlich seitdem Forderung und Pfandrecht vom Speculanten erworben wurden, unter keinen solchen Gesammtbegriff

---

[412]) Mommsen, S. 476. Zimm. S. 50.

[413]) Vgl. Huschke, Zschr. XIV 471.

Wiederlösung verkaufter Vermögensstücke § 43.

bringen; die *res*, welche Gaius speziell betrachtet und als Beispiel aufführt, ist, wie aus dem „*obligata*" geschlossen werden darf, am sichersten ein subsignirtes Vermögensstück, und zwar eine *possessio*,[414]) vielleicht auch, in späterer Zeit, ein kostbares unvergängliches bewegliches Gut.[415]) Wenn letzteres als möglich angenommen werden darf, so ist es doch immer nur als Ausnahme anzusehen, wie durch den gebräuchlichen Ausdruck *(quod volgo dicitur) Ex praediatura possessionem usurecipi*, bezeugt wird.[416])

Sonst liegt keine Veranlassung vor, weitere Unterschiede beider Usureceptionen zu suchen. Insbesondere erscheint es als willkürlich, wenn Rein die *usureceptio* nur in dem Fall zulässt, wo der alte Eigenthümer den Prädiator zwar befriedigt hat, allein „keine feierliche Remancipation, sondern einfache Restitution" erfolgt ist.[417]) Das *item* in Gaius deutet, wie Zimmermann richtig bemerkt, schon an, dass die *Usureceptio ex praediatura* im Ganzen und Grossen der *Usureceptio fiduciae* sich anschliesst. So muss hier wie dort und wie bei der *hereditatis usucapio* der Besitz ein körperlicher und neuer sein, und nicht blos *animo* begründet.[418]) Der häufigste Fall wird allerdings der sein, wo der alte Eigenthümer den Käufer befriedigt

---

[414]) Cf. Dirksen hoc V°. — Huschke, Zschr. a. a. O.

[415]) cf. *supra* § 18.

[416]) Nach Huschke a. a. O. erklärt sich die Fristverschiedenheit daraus, dass in Ermangelung einer *lex fiduciae* der Usurecipient die Sachen nicht von der *familia* aus, sondern als einzelne Sachen in Besitz nahm. Vgl. Rudorff, in Puchta J. § 23 n. *ii* (II, 661), u. R. G. 309, Anm. 17. „Da sie nur unter der Urkunde verzeichnet, nicht fiduzirt sind, so findet die einjährige *Usureceptio* der zu den *ceterae res* gehörenden *fiducia* keine Anwendung." — S. Mommsen, Stadtr. 477. Dass der Staat besseren Rechts ist als der Private, hat hiemit nichts zu schaffen: es wird ja nicht dem Staate gegenüber usurecipirt, sondern gegen den Käufer vom Staate.

[417]) Rein, Privatrecht (Ausg. von 1836) I, p. 171. Ebenso Mommsen, Stadtr. p. 476.

[418]) S. Keller, Inst. § 274, p. 249. Gai II, 60.

hat; theoretisch steht indessen einer *lucrativa usureceptio* nichts entgegen.[119]) Häufig mag das von Dernburg[120]) angedeutete Verhältniss stattgefunden haben, dass ein Prädiator auf Mandat des augenblicklich verlegenen Bürgen die Forderung ankaufte, und dabei Rückerstattung, Bezahlung, bestimmte Zinsen, Beibehaltung des Besitzes u. dgl. stipulirt wurden. Darauf musste wieder die vielfach gewerbmässige Betreibung des Bürgen- sowohl als des Prädiatorengeschäfts führen. Analoga finden sich auch in der Justinianischen Compilation.[121])

---

[119]) Zimmermann p. 52. Dass Dernburg bei seiner ganz verschiedenen Grundanschauung der *Praedum venditio* auch die *receptio ex praediatura* anders auffassen muss, liegt auf der Hand. Wenn er aber verlangt, „dass der Käufer sich noch niemals in Besitz des gekauften Prädiums gesetzt habe", p. 39, so darf er sich nur nicht für diese Behauptung auf Puchta berufen, bei welchem sich von einer derartigen Behauptung keine Spur findet. — Puchta, Inst.

a. a. O., giebt allerdings vom Zusammenhang beider Usureceptionen dadurch schon eine unklare Vorstellung, dass er die *Usurcceptio ex praediatura* vor der *usureceptio fiduciae* bespricht. Die Stelle im Gaius beziehen sowohl Puchta als Rudorff (a. a. O.) nur auf Grundstücke.

[120]) Dernburg, Pfandrecht S. 40.

[121]) L. 53 § 1 *de pactis* (2, 14), L. 22 § 3 *Mandati* (17, 1) cf. § 5 *ead*.

Register.

Adpromissores 18 f.
Aerarium Saturni 19 f., 55, 61 f., 85 ff., 96.
Aerarium militare 85.
Amtscautionen 45 ff.
Baarzahlung bei der *praedum venditio* 119 f.
Beschränkung der publizistischen Obligation auf den Verkehr mit dem Staate 19 ff.
Bona praedia 69 ff.
Causa Juniana 43, 50, 69 f., 75, 102, 118 f., 129.
Cautio praedibus praediisque, passim.
Censoren 43 ff., 61 ff.
Census der Magistrate 45 f.
Cognitores 67; ihre Rechtsstellung 72; Execution gegen die cognitores 113 f. Regress? 129.
Compraedes 67, 129.
Darlehn des Staates an Privatpersonen 39, 113.
Dotalgelder, Dotalsachen 128 f.
Duumviri 47 ff.; 63, 116.
Edictum Praetoris Urbani, Titel *De praediatoribus* 111.

Edictum Praefectorum 111, 118 f., 121.
Edictum Tiberii Julii Alexandri 87, 127.
Einziehung der Kaufgelder für die an Private verkauften Staatsländereien, 41.
Ermessen des Magistrats über Sufficienz der Caution 64 ff., 120.
Execution gegen Hauptschuldner und Bürgen 93 ff. Grundgedanken 94 ff. Erster Termin 117 ff. Zweiter Termin 121 f. Rechtswirkungen der Execution 123 ff.
Fälle, in welchen *praediis praedibusque* cavirt wurde 31 ff.
Fideiussio 18 f., 88, und *passim*.
Fidepromissor 18 f.
Fiducia 25, 76 ff., 124 ff., 130 ff.
Fiscus 19, 85 ff.
Generalhypothek des *Fiscus* 87 ff.
Hauptschuldner, *passim*. Rechtsstellung nach geleisteter Caution 72 ff. Execution 93 ff.
Heredium 29.
Jus eminens des Staats 27, 83, 102.

Jus praediatorium 8, 108 ff.
Kauf vom Staate 35 ff.
Leges censoriae 108, 111.
Legis actio per manus iniectionem 13, 94.
Legis actio per pignoris capionem 109 ff.
Legis actio sacramento 33 f.
Lex Acilia repetundarum 1, 34, und *passim*.
Lex agraria 1, 35 ff., 39 ff., 56, und *passim*.
Lex Calpurnia repetundarum 34.
Lex Flavia de Malacitanis 2, 43, 47 ff., 56, 63, und *passim*.
Lex Julia de vicesima hereditatium 87 f.
Lex Julia municipalis 41, 114.
Lex Julia repetundarum 35.
Lex Junia repetundarum 34.
Lex Papiria 33, 114 f.
Lex parieti faciundo puteolana 2, 44 f. und *passim*.
Lex Plaetoria iudiciaria 109.
Lex Poetelia 24, 95.
Lex praediatoria 109 ff.
Lex Publilia 129.
Lex tabulae bantinae 2, 32 f.
Lex vacuaria? 87, 122.
Literatur der Lehre von der *Cautio praedibus praediisque* 3 ff.
Magistratus 45 ff. Municipalmagistrate 47 ff. Mitwirkende Behörden bei der *Cautio praedibus praediisque* 58 ff. Magistratisches Ermessen 64 ff., 120.
Manceps 21, 38, 28 ff., und *passim*. S. Hauptschuldner.
Mancipatus 52.

Multa 32.
Nexum 12, 16, 21, 24 f., 81.
Pacht vom Staate 36 ff.
Peculatus 32.
Personalcredit und Realcredit 11 f., 24 ff.
Pignus in causa iudicati captum 119.
Praeda? 26.
Praediator 103 ff. Profit der Prädiatoren 125. Rechte des Prädiators aus dem Forderungskauf 125 ff.
Praediatura 8, 130 ff.
Praediatus? 73.
Praedium, passim. Sprachliches 28 ff. Requisite 51 ff. Rechtszustand nach der Subsignation 74 ff., — *Praedium patritum* 65 f.
Praefecti aerario 62 f., 116, 121.
Praes, passim. Sprachliches und Geschichtliches 13 ff. Requisite in der Person des *Praes* 49 ff. Rechtsstellung des *Praes* 68 ff. Regress 122. *Praedum venditio* 113 ff.
Praedes litis et vindiciarum 22 f., 33, 59, 85. *Praedes* des Prädiators 120, 127 f., *Praedes sacramenti* 33, 85, 114 f. *Praes socius* 127 f.
Praetor urbanus 59 ff.
Publicani 38, 96 f. 103 ff.
Quaestores aerarii 55, 58 ff., 115 f.
Quaestores paricidii 115.
Quaestores provinciales 61.
Quellen unserer Kenntniss von der *Cautio praedibus praediisque* 1 ff.

Repetunden 34 f. 85.
Sectio 25, 80, 96, 97, 119 f.
Sector 96, 103.
Socius argentarius 128.
Socius des Prädiators 127 f.
Sponsor 18 f., 129.
Staatsrechtliche Natur der cautio praedibus praediisque 19 f., 31.
Subsignatio praediorum, passim. Bildung 24 ff., 99. Form 53 f.
Subsignatio von werthvollen Mobilien? 51 f. 131.
Sufficienz 64 ff.
Tresviri capitales 114 f.
Tresviri monetales 115.
Ultrotributa 43 ff.
Usucapio hereditatis 130 f.
Usureceptio ex praediatura 129 ff.
Usureceptio fiduciae 130 f.

Vas 13 ff. Etymologie 14, 16 ff. Verschiedene Bedeutungen, Alter 15 f.
Vectigalia publica populi romani 38 f.
Venditio praedum 94 ff.
Venditio praedum praediorumque 113 ff.
Venditio lege praediatoria 117 ff., in vacuum 121 f.
Venditiones 96, 97.
Verbürgung passim, Grundgedanken 11 f., 31, 93. Form 53 ff., Bei der sogenannten publizistischen Obligation 11 ff.
Verschwinden der cautio praedibuspraediisque aus dem Rechtsverkehr 84 ff.
Vindex 13, 94 f.

www.ingramcontent.com/pod-product-compliance
Lightning Source LLC
Chambersburg PA
CBHW031324160426
43196CB00007B/652